Goethes Caravanen

Analysen und Dokumente
Beiträge zur Neueren Literatur

Begründet von Norbert Altenhofer †
Herausgegeben von Leonhard M. Fiedler

Band 44

PETER LANG
Frankfurt am Main · Berlin · Bern · Bruxelles · New York · Oxford · Wien

Marlene Lohner

Goethes Caravanen

Verkörperungen der Phantasie im Spätwerk

PETER LANG
Europäischer Verlag der Wissenschaften

Die Deutsche Bibliothek - CIP-Einheitsaufnahme

Lohner, Marlene:

Goethes Caravanen : Verkörperungen der Phantasie im Spätwerk / Marlene Lohner. - Frankfurt am Main ; Berlin ; Bern ; Bruxelles ; New York ; Oxford ; Wien : Lang, 2001
(Analysen und Dokumente ; Bd. 44)
ISBN 3-631-37780-0

Umschlagillustrationen
Vorderumschlag: Anonyme Zeichnung, wahrscheinlich von Vilhelm Pedersen, um 1850.
Aus: Hans Christian Andersen: Fairy Tales and other Stories. Revised and in part newly translated by W.A. & J.K. Craigie. With ninetyfive illustrations. London 1914.
Rückenumschlag: Galatee und Homunculus.
Aus: Faust. Eine Tragödie von Goethe.
Mit Zeichnungen von Engelbert Seibertz. Stuttgart 1854.

Gedruckt auf alterungsbeständigem, säurefreiem Papier.

ISSN 0721-2925
ISBN 3-631-37780-0

Printed in Germany 1 2 4 5 6 7

Inhalt

I	„Doch du warst mein Zeitvertreib/Goldne Phantasie...“	7
II	Bilder der Phantasie im West-östlichen Divan	19
III	„Mit Poesie umsponnen.“ Neues zur Marienbader Elegie	41
IV	Der enge Durchgang. Sprachbilder von Geburt, Tod und Erneuerung im Faust	63
V	„Das Blau erlogner Meere“. Wirkungen des West-östlichen Divan auf Gottfried Benn	99

I

„Doch du warst mein Zeitvertreib / Goldne Phantasie...“

Zur Einführung

Über die Reaktionen des vierjährigen Wolfgang beim Märchenerzählen am Hirschgraben berichtet die Mutter: „Da saß ich, und da verschlang er mich beinahe mit seinen großen schwarzen Augen, und wenn das Schicksal irgend eines Lieblings nicht recht nach seinem Sinn ging, da sah ich, wie die Zornader an der Stirn schwoll, und wie er die Tränen verbiss. ... Wenn ich nun Halt machte und die Katastrophe auf den nächsten Abend verschob, so konnte ich sicher sein, daß er bis dahin alles zurechtgerückt hatte, und so ward mir denn meine Einbildungskraft, wo sie nicht mehr zureichte, häufig durch die seine ersetzt." In seiner Autobiographie stellt der 61-Jährige fest: „Mir war von meinem Vater eine gewisse lehrhafte Redseligkeit angeerbt; von meiner Mutter die Gabe, alles, was die Einbildungskraft hervorbringen, fassen kann, heiter und kräftig darzustellen ... Jene beiden elterlichen Gaben [begleiteten mich] durchs ganze Leben, mit einer dritten verbunden, mit dem Bedürfnis, mich figürlich und gleichnisweise auszudrücken." Diese Gaben sind dem jungen Goethe anscheinend so selbstverständlich seiner Natur zugehörig erschienen, daß er sie, zumindest schriftlich, eine lange Zeit nicht reflektiert hat. 1780 entsteht das dithyrambisch-allegorische Huldigungsgedicht „Meine Göttin", dessen erste Strophe lautet:

> Welcher Unsterblichen
> Soll der höchste Preis sein?
> Mit niemand streit' ich,
> Aber ich geb' ihn
> Der ewig beweglichen,
> Immer neuen,
> Seltsamsten Tochter Jovis,
> Seinem Schooskinde,
> Der Phantasie.

Interessanter für unsere Thematik sind die ersten Verse eines Gedichts, dessen Titel „Der neue Amadis“ auf einen im 16. Jahrhundert in ganz Europa bekannten Helden von Ritterromanen zurückgeht:

Als ich noch ein Knabe war,
Sperrte man mich ein,
Und so saß ich manches Jahr
Über mir allein
Wie in Mutterleib.

Doch du warst mein Zeitvertreib
Goldne Phantasie ...

Hier findet sich sehr früh ein Bildmotiv, das im späteren Werk („Dichtung und Wahrheit“, „West-östlicher Divan“, „Faust“) eine wichtige Rolle spielt: Einsamkeit und Enge als Voraussetzung für das Aufblühen der Phantasie. Daß hier die Enge dem höhlenartigen Eingeschlossensein im Mutterleib verglichen wird, damit auch hindeutend auf Geburt, Neugeburt, Verjüngung, das führt dann geradewegs zu der Bildgruppe, die im Zentrum des hier vorgelegten Faustbeitrags steht.

Erst in den „Unterhaltungen deutscher Ausgewanderten“, die Goethe zu Beginn der Freundschaft mit Schiller im Sommer 1794 schrieb, findet sich eine längere Reflexion über das Wesen der Phantasie. Kurz bevor diese Novellensammlung nach romanischem Muster von ihrem kostbarsten Produkt, dem Märchen von der grünen Schlange und der schönen Lilie, abgeschlossen wird, faßt „Der Alte“ die bisherige Diskussion über die Einbildungskraft zusammen, mit der Mahnung, nichts von dieser zu fordern. „Denn sie selbst kann nicht fordern, sie muß erwarten, was ihr geschenkt wird. Sie macht keine Plane, nimmt sich keinen Weg vor, sondern wird von ihren eigenen Flügeln getragen und geführt, und indem sie sich hin und herschwingt, bezeichnet sie die wunderlichsten Bahnen, die sich in ihrer Richtung stets verändern und wenden.“ Auffallend sind in dieser Definition die vielen Merkmale ungesteuerter Bewegung, überraschender Richtungsänderungen – Merkmale, die sich offenbar in Goethes innerer Anschauung mit dem Phänomen der Einbildungskraft verbinden, und in denen er sowohl den Reiz ungeahnter geistiger Ausdehnung wie auch die Gefahren willkürlich schwankender Ungebundenheit bloßer „Luftgebilde“ andeutet. In allzu großer Entfernung vom Maßstab des Wirklichen sah er bei einigen Romantikern, auch bei Hölderlin und Kleist, die Gefahr eines im Chaos endenden Geisteszustandes, den er – moderne Entwicklungen voraussahnend – mit allen Mitteln des Dichters und des Naturwissenschaftlers zu bekämpfen versuchte. Diese beiden Aspekte verbinden sich in Goethes Märchendefinition im Kapitel „Mahomet" der Noten und Abhandlungen zum „West-östlichen Divan". Er spricht hier von den Spielen einer leichtfertigen Einbildungskraft, „die vom Wirklichen bis zum Unmöglichen hin und wider schwebt und das Unwahrscheinliche als ein Wahrhaftes und Zweifelloses vorträgt." Es sei der eigentliche Charakter dieser über einem wunderlichen Boden schwankenden Luftgebilde, „daß sie keinen sittlichen Zweck haben und daher den Menschen nicht auf sich selbst zurück, sondern außer sich hinaus ins unbedingte Freie führen und tragen."

Je nach Stimmung betonen Goethes Äußerungen über die Einbildungskraft etwa von 1817 bis zu seinem Tode einmal mehr ihr beglückendes, dann wieder ihr bedrohliches Wesen. So hört Heinrich Voss ihn reden über „den Zauber der Phantasie welcher die ungleichsten Dinge verbinde und einen Gegenstand durch den anderen verherrliche." Aber in den zwischen 1815 und 1829 entstandenen Tag- und Jahresheften heißt es am Ende des für Goethe persönlich und politisch so einschneidenden Jahres 1805: „Die Einbildungskraft lauert als der mächtigste Feind, sie hat von Natur einen unwiderstehlichen Trieb zum Absurden, der selbst in gebildeten Menschen mächtig wirkt und gegen alle Kultur die angestammte Rohheit fratzenliebender Wilden mitten in der anständigsten Welt wieder zum Vorschein bringt." Am ausführlichsten behandelt Goethe seine Vorstellungen vom Wirken der Einbildungskraft in einem Beiblatt zum Konzept eines Briefes an die Weimarer Erbgroßherzogin Maria Paulowna vom 3. Januar 1817, also mitten in den Vorbereitungen zum Prosateil des „Divan". Der kurzen Zusammenfassung der Kantischen Philosophie aus der Feder eines anderen Verfassers fügt Goethe im Beiblatt eine Ergänzung hinzu. Er meint: „Hier werden als Hauptkräfte unseres *Vorstellungsvermögens* Sinnlichkeit, Verstand und Vernunft aufgeführt, die Phantasie aber vergessen, wodurch eine unheilbare Lücke entsteht. Die Phantasie ist die vierte Hauptkraft unseres geistigen Wesens, sie suppliert die Sinnlichkeit, unter der Form des Gedächtnisses, sie legt dem Verstand die Welt-Anschauung vor, unter der Form der Erfahrung, sie bildet oder findet Gestalten zu den Vernunftideen und belebt also die sämtliche Mencheneinheit, welche ohne sie in öde Untüchtigkeit versinken müßte."

Was sich beim Schaffensprozeß in ihm abspielt, also bei der Verwandlung der Phantasiebilder in künstlerische Gestalt, hat er nie deutlicher formuliert als in einer Entgegnung auf die 1822 erschienene Schrift eines Anthropologen, wo Goethes Denken als „gegenständlich tätig" bezeichnet wird, sein Anschauen selbst sei ein Denken, sein Denken ein Anschauen. Davon angeregt formuliert Goethe: „Mir drückten sich gewisse große Motive, Legenden, uraltgeschichtlich Überliefertes so tief in den Sinn, daß ich sie vierzig Jahre lebendig und wirksam im Innern erhielt; mir schien der schönste Besitz, solche werte Bilder oft in der Einbildungskraft erneut zu sehen, da sie sich denn zwar immer umgestalteten, doch ohne sich zu verändern einer reineren Form, einer entschiednern Darstellung entgegenreiften." Hier berührt er einmal das Geheimnis seines symbolischen Stils, dessen Besonderheit ja gerade darin zu bestehen scheint, daß das ursprüngliche Bild aus genauer Anschauung des Wirklichen entsteht, aus dem sich „vieles ableiten läßt, oder vielmehr der vieles freiwillig aus sich hervorbringt und mir entgegenträgt." Bilder also, die in ihrer Fülle von Verknüpfungsmöglichkeiten in Breite und Tiefe das Netzwerk seiner Texte bilden.

Dieser Prozeß, in dem es darum geht, ein Grenzenloses in festere Form zu bringen, wird in den „Wanderjahren" zu einem Aperçu: „Einbildungskraft wird nur durch Kunst, besonders durch Poesie geregelt." Hier ist als Reflexion ausgesprochen, was m. E. seit langem, vielleicht unbewußt, in Goethe als Bild vorhanden war: Phantasie und Poesie als Roß und Reiter. Damit schließt sich das Bild an den Mythos vom Flügelroß Pegasus an, vom jungen Bellerophon gezügelt, Sinnbild poetischer Kreativität und als solches ganz sicher Goethe seit seiner Kindheit vertraut. Es wird in seiner letzten Umgestaltung im Maskenzug des Faust II erscheinen, wo die allegorische Verkörperung der Poesie als Knabe Lenker auf dem Drachengespann reitet, auch „Flügelrosse" genannt.

Wie schon aus dem Gedicht „Der neue Amadis" ersichtlich, verbindet sich für Goethe die Phantasie mit dem Zustand der Kindheit; aber nicht nur der individuellen Kindheit, sondern, angeregt durch Herder und später Schiller, auf die „Kindheit" der Menschheit bezogen, ganz gleich ob diese Ursprünge in Griechenland, Ägypten, bei Kelten und Germanen, im Orient oder im Bibelland zwischen den vier Strömen gedacht waren. Im vierten Buch von „Dichtung und Wahrheit" stellt Goethe die Verbindung her zwischen der eigenen Kindheit und jenen biblischen Geschichten vom Ursprung des Menschengeschlechts, die seine eigene Einbildungskraft aufs lebhafteste beflügelten. Nach Verlust des Paradieses geht von dort das erneuerte Menschengeschlecht zum zweiten Mal aus. Hirten und Jäger sieht man mit „Herden und Gütern hin- und wieder ziehen ... Ihre Lebensweise auf dem Meere der Wüste und Weiden gab ihren Gesinnungen Breite und Freiheit, das Gewölbe des Himmels, unter dem sie wohnten, mit allen seinen nächtlichen Sternen ihren Gefühlen Erhabenheit." Mit diesen Passagen aus „Dichtung und Wahrheit" sind wir bereits ganz nahe und fast wörtlich am „Beduinenzustand" der Gedichte und Prosa des „West-östlichen Divan".

Mit einer Flut eigener Verse antwortet Goethe ab Sommer 1814 auf den soeben von Hammer-Purgstall übersetzten „Diwan", d.h. eine „Versammlung" von Gedichten, des persischen Dichters Hafis (1327-1390). Wie „Zunder" fiel dieser Funke in die „letzten Gluten" des westlichen Dichters, der sich durch den Reichtum des östlichen Stoff- und Wortmaterials „wie neugeboren" empfand. Die historischen Ereignisse und Entwicklungen der letzten zwanzig Jahre, wie die Gewalttätigkeiten gegen Ende der Französischem Revolution, der übersteigerte Nationalismus der Deutschen während der Freiheitskriege sowie auf persönlicher Ebene der Verlust Schillers führten zu jahrelangen Depressionen. Seine dichterischen Kräfte hielt Goethe für versiegt. Er begann sich selbst historisch zu sehen und beschäftigte sich fast ausschließlich mit Autobiographie und Naturwissenschaften. Umso beglückender war dann die Begegnung mit Hafis. „Alles was dem Stoff und dem Sinne nach bei mir Ähnliches verwahrt und gehegt worden, tat sich hervor, und dies mit umso mehr Heftigkeit, als ich höchst nötig fühlte, mich aus der wirklichen Welt, die sich selbst offenbar, und im Stillen bedrohte, in eine ideelle zu flüchten." Die grenzenlose Stoffülle der orientalischen Poesie gibt ihm das Empfinden, als sei er in ein Meer geraten. „Brächte man aber nicht so viel Form mit sich, so wäre man verloren." Form, das sind für Goethe zunächst einmal die Bilder, sie seien das Einzige, was den Orientalen fehle, sagte er zu Boisserée; er bringe von den Alten mehr Bildung und Bildlichkeit mit, wodurch er das Alte und Neue verbinde. So steht von Anfang an diese Reise in den Orient im Zeichen der Zeit und Raum überbrückenden Fiktion des Dichters als Handelsreisender, der seine Gedichte wie Waren vor dem westlichen Leser ausbreitet, um „mit neuen Caravanen" zu frühen Völkern und Ländern aufzubrechen:

Wo sie noch von Gott empfingen,
Himmelslehr' in Erdesprachen.

Gedanken Herders und Hamanns, daß der westliche Mensch der Gegenwart sich durch Eintauchen in die Welt früher Völker regenerieren könne, wurden von Goethe und Schiller weiterentwickelt zu der Hoffnung, daß die heillose Zerstückelung und Trennung des Menschen von seinen Ursprüngen durch ein vertieftes Verständnis für Kunst überwunden werden könne; denn nur in ihr, besonders in der Dichtung, sahen sie noch die Möglichkeit zu innerer Regeneration. Als Folge davon geht Dichtung als Gegenstand ihrer selbst in den gesamten „Divan" ein, gelegentlich als Reflexion, zumeist aber als figürlicher und gleichnisweiser Ausdruck.

Erst Mitte des 20. Jahrhunderts entdeckte die Forschung den hohen Anteil an Kunstreflexion im „Divan“, über Religion und Geschichte, Menschenleben, Liebe und Natur hinaus. Mit Freuden entdeckt der westliche Dichter, wie ihm der östliche auch für diesen Aspekt Begriffe und Wörter herüberreicht, so die Huldigung der Elemente, den Schleier der Dichtung oder die Perle als das vollendete Kunstwerk.

In den Noten und Abhandlungen („Künftiger Divan“) gibt Goethe einen Wink, wie sein „Divan“ zu lesen sei. Das Buch eignet sich „zu symbolischer Abschweifung, deren man sich in den Feldern des Orients kaum enthalten kann.“ Der geistreiche Mensch, so fährt er fort, betrachte alles, was sich den Sinnen darbiete, als „Vermummung, wohinter ein höheres geistiges Leben sich ... versteckt.“ Im Orient sei alles Betrachtung, „die zwischen dem Sinnlichen und Übersinnlichen hin und her wogt, ohne sich für eins oder das andere zu entscheiden.“

Der erste Beitrag dieses Buches wirft einen genaueren Blick auf die vier Gedichte des „Divan“, in denen die Karawanen ausdrücklich (und nicht nur implizit) erwähnt werden. Ohne Ausnahme sieht bisher die gesamte Divan-Forschung die Karawanen nur als zugehörig zur Fiktion des Orientreisenden. Dieser Beitrag aber versucht nachzuweisen, daß sie sehr wohl eine eigene Funktion haben. Ähnlich wie die Symbole für Dichtung, Schleier und Flor, Nebel und Wolken, oder wie alle runden Formen, wie Tropfen oder Träne, Kastanie, Ball oder Perle, auf das in sich geschlossene Kunstwerk, auf das Gedicht deuten, so sind die Karawanen sowohl sie selber als dem Beduinenzustand angehörig, wie auch, über sich hinausweisend, Verkörperungen eines wichtigen poetologischen Begriffs, eben der Phantasie. Begriff und Bild sind durch ein tertium comparationis miteinander verbunden, das Hin- und Widerschweifen, Hin- und Herwogen, Hin- und Widerziehen. Auch hat Goethe in das Kapitel „Vergleichung“ der Noten und Abhandlungen anläßlich der Betrachtung spezifischer Ausprägungen der Jean Paulschen Phantasie (die er hier seiner eigenen orientalisierenden Einbildungskraft gleichsetzt) einen Satz eingebaut, der m. E. die hier vorgetragene Doppelbedeutung vollkommen bestätigt. In solcher „Vermummung“ erhält sogar im programmatischen Eingangsgedicht „Hegire“ ein Bild wie der „auf des Maulthiers hohem ... Rücken“ singende Karawanenführer über das Reale hinaus eine Bedeutung, in der „ein höheres geistiges Leben sich schalkhaft-eigensinnig versteckt.“ Daß die beiden Karawanengedichte „Wo hast du das genommen“ und „Nur wenig ist’s was ich verlange“ sowie die Karawanenstrophe in „Als ich auf dem Euphrat schiffte“ bisher noch keine überzeugende Interpretation gefunden haben, mag auch damit zusammenhängen, daß sie sich erst durch diesen Doppelsinn in all ihren kunstvollen Verknüpfungen erschließen.

Für das Verständnis der Marienbader Elegie, mit der sich der zweite Beitrag beschäftigt, erscheint die Kenntnis der biographischen Vorgänge 1823 in Marienbad und Karlsbad als notwendige Voraussetzung. Dies gilt erst recht für eine Interpretation, die bestrebt ist, den Anteil an Phantasie und poetischer Formkraft am Zustandekommen dieser Dichtung bewußt zu machen. Es wird aufzuzeigen versucht, wie sehr der Aufbau jeder der 23 Strophen vom Grundgesetz der Altersdichtung, der Metamorphose, geprägt ist. In Natur und Kosmos erscheint die Geliebte gesteigert zur „lieblichsten der lieblichsten Gestalten", aber die ersehnte Erneuerung bleibt Wunsch und Illusion. Die „Hölle" des endgültigen Liebesverlusts ist in den zwei Schlußstrophen zugleich Absage an bisher sinngebende Lebensinhalte. In Goethes eigenhändiger Reinschrift wurden diese beiden letzten Strophen deutlich markiert vom übrigen Gedicht abgesondert. Noch stärker aber akzentuiert der Dichter das Gewicht der ersten Strophe, indem er sie allein auf ein Blatt setzt und damit ihre expositionsartige Ausstrahlung auf das Ganze betont. So erscheint es als durchaus einleuchtend, die Steigerungszeilen dieser Strophe zugleich als Apotheose des ganzen Gedichts zu lesen:

> Kein Zweifeln mehr! Sie tritt an's Himmelsthor,
> Zu ihren Armen hebt sie dich empor.

Im „Buch des Paradieses" steht eine Suleika merkwürdig ähnliche Huri an „Paradieses Pforten", um an ihrer Hand den Dichter in höhere Sphären zu geleiten. Die hier, dem Divanton gemäß, humorvoll vorgetragene Geste mag für den schwer getroffenen Dichter der Elegie zu einem Bild des Trostes geworden sein.

In den Wüstenzügen des „Divan", wo sich Pforten öffnen in eine Frühzeit der Menschheit, verbinden sich Bilder von Tor und Pforte, Tür oder Schwelle mit jenen der Erneuerung durch Phantasie. Als „enger Durchgang", sei es zum Leben oder zum Tod, steht diese Bildgruppe im Mittelpunkt des dritten Beitrags, einer Untersuchung zum „Faust." Wenn hier gleich zu Anfang die Menge „mit gewaltig wiederholten Wehen/Sich durch die enge Gnadenpforte zwängt", dann geht es hier wörtlich um Geburt, in diesem Fall um Neugeburt durch das Kunsterlebnis. Kurz darauf ereignet sich Erneuerung durch Natur und Glaube, wenn die Menge „aus dem hohlen finstern Tor/... aus der Straßen quetschender Enge/Aus der Kirchen ehrwürdiger Nacht" ans Licht gebracht wird. Faust, der moderne Intellektuelle, setzt alles auf eine Karte, um entweder „Zu neuen Sphären reiner Tätigkeit" zu gelangen oder „Nach jenem Durchgang hinzustreben/Um dessen engen Mund die ganze Hölle flammt." Der

Bildkreis der Pforte durchzieht im Sinne von Übergang zu erneuertem Leben oder Eintritt in die Todessphäre den ganzen Faust. Immer wieder zeichnet der Dichter in seinen Text Gebärmutterformen ein, somit Neugeburt „mit Augen schauend“, sei es als räumliche Konstellation, Szenenanweisung oder symbolische Naturform wie den „Bauchfisch“ Delphin. Sie sind damit sichtbar gemachte Zeichen des Weiblichen, vom natürlichen Antrieb der Metamorphose bis zur höchsten Idee. Dieser begegnen wir am Schluß des „Faust II“ noch einmal in der schon bekannten Gestalt einer früheren Geliebten, die dem „Neuen“ den Weg weist zu höheren Sphären.

Der letzte Beitrag dieses Buches entstand als erster. (Er wurde in seiner ursprünglichen Fassung 1992 im Goethe-Jahrbuch veröffentlicht.) Gottfried Benn war, entgegen allgemeiner Erwartungshaltung und der anti-idealistischen Aggressivität seines Frühwerks, zeit seines Lebens ein Goetheverehrer. Seit seiner durch Benns Goetheaufsatz 1932 begründeten Freundschaft mit dem Bremer Kaufmann Dr. F. W. Oelze, einem fundierten Goethekenner, vertiefte sich das Verständnis noch. Auffallend häufig die Erwähnungen Goethes, des „geliebten Urgroßvaters“, in ihrem Briefwechsel. Oft wird von Benn nach vage erinnerten Gedichten gefragt, die sich durch Oelzes Antwort als Divangedichte herausstellen. Oder es genügt ein Wort, z. B. „drehend“, um damit auf Goethes zu assoziativen Reihungen neigenden Spätstil zu verweisen, zu dem Benn sich in seiner Neigung zu punktuellem Perspektivismus sehr hingezogen gefühlt hat. Die Affinität geht bis zu fast wörtlichen Übernahmen aus einer Strophe von Goethes „Hochbild“ aus dem Buch Suleika in ein eigenes Liebesgedicht. Benn steht, vielleicht als letzter, in jener von Herder zu Nietzsche führenden Tradition, Kunst als „letzte metaphysische Tätigkeit“ zu sehen, Artistik als „Versuch der Kunst, innerhalb des allgemeinen Verfalls der Inhalte sich selbst als Inhalt zu erleben.“

Im zweiten Teil des Beitrags steht noch einmal das Karawanengedicht „Wo hast du das genommen“ aus dem Buch des Unmuts im Mittelpunkt, nun in Bezug zu Benn. Hier wird aus der Dichtung selbst, besonders der letzten Strophe, der Bogen geschlagen vom alten zum späten Dichter, die beide im „Olymp des Scheins“ Lebens- oder gar Überlebensmöglichkeiten des modernen Menschen sehen. In einem Brief vom 7. Oktober 1935, in dem Benn Oelze gegenüber resümierend mit seiner unglückseligen Verstrickung der vergangenen zwei Jahre abrechnet, beschwört er die letzte ihm noch verbliebene Hoffnung mit folgenden Worten: „Man baut den Regenbogen, aus Perlen jene Brücke, eine reine Fata morgana, einen Wüstenspuk, und am Rande lagern die Kamele.“

*

Dieses Buch konnte nur zustande kommen durch die tatkräftige Unterstützung dreier Menschen, denen ich dankbarst verpflichtet bin: Professor Dr. Leonhard M. Fiedler für seine Wertschätzung meiner Arbeiten, seine ermutigende Anteilnahme und aufbauende Kritik; Anette Wörner M.A., die das Manuskript in oft mühseliger Kleinarbeit mit Umsicht und Einfühlung herstellte; und meinem Bruder Henning Clewing, dessen unermüdlicher Einsatz beim Abschreiben der Tonbänder, stets begleitet von klugem Rat und einleuchtenden Vorschlägen, mir eine unschätzbare Hilfe war. Und schließlich danke ich den langjährigen Hörern und Hörerinnen meiner Wiesbadener Literaturkurse für die von ihnen empfangenen Anregungen, ihr anhaltendes Interesse und ihre menschliche Wärme. Ihnen sei dieses Buch gewidmet.

II

Bilder der Phantasie im West-östlichen Divan

In Gedanken
an Ruth Poelzig

Der junge französische Gesandte Astolphe de Custine beschreibt 1815 den 66-jährigen Goethe der „Divan"-Zeit nach mehreren Treffen folgendermaßen: „Noch ist sein Antlitz prachtvoll; ... man glaubt, einen Helden der Antike zu sehen, der unter der Wucht unseres Elends erliegt. Dieses Jahrhundert, in dem das Burleske vorherrscht, lastet auf ihm; auf seiner Stirn und in seinem Blick liegt etwas Tieftragisches ... Wenn er die Augen aufhebt, so ist es, als weine er über die Menschheit ... Er vereint Wärme mit Ruhe ... und bleibt doch nicht unempfänglich, wenn andere leidenschaftlich werden. Es ist der erste große Mensch, den ich entschlossen gefunden habe, ohne Klagen alles Unglück des Genies auf sich zu nehmen; er ist unglücklich, weil er allein ist, aber er will allein sein, weil er erkannt hat, daß er es sein muß."[1]

Custines Äußerungen passen wenig zu der üblichen Vorstellung, Goethe habe die Zeichen der Zeit nicht erkannt, habe sie unempfindlich von sich abgewiesen; sie passen eher zu Goethes eigenen Aussagen des Jahrzehnts, das dem „Divan" vorausging, also 1805-1815. Die Isolierung innerhalb der Weimarer Gesellschaft nach dem Tode Schillers und der Heirat mit Christiane 1806 wird hier geradezu erschreckend deutlich. Klagen über eine bis zur Hypochondrie gesteigerte Einsamkeit bilden den Grundton.[2] Die Ereignisse bei der Besetzung Weimars durch die Franzosen im Oktober 1806 machen Goethe zum Augenzeugen von Plünderungen und Mord. Der Anblick des Chaos bewirkt in ihm eine, wie er schreibt, „nicht nur physische Verletzung", deren Auswirkungen ihn auf Jahre hinaus verstören. Er sieht „alle Bande sich auflösen", ist überzeugt, „daß alles zugrunde geht".[3] Und noch sieben Jahre später, als 1813 die kurz bevorstehende Völkerschlacht bei Leipzig erneut Kriegsgetümmel, Einquartierung und gepackte Koffer erzwingt, schreibt er an J. H. Meyer: „Wer es jetzt möglich

[1] Zitiert bei Hans-J. Weitz, Goethes West-östlicher Divan, Wiesbaden 1951, S. 388f.
[2] Vgl. Paul Hankamer, Spiel der Mächte. Ein Kapitel aus Goethes Leben und Goethes Welt, Stuttgart 1960.
[3] An Großherzog Carl August, 25.12.1806, WA IV, 19, S. 251und 199ff.

machen kann, soll sich ja aus der Gegenwart retten, weil es unmöglich ist, in der Nähe von so manchen Ereignissen nur leidend zu leben, ohne zuletzt aus Sorge, Verwirrung und Verbitterung wahnsinnig zu werden."[4] Das sind starke Worte innerhalb der sonst so gebändigten Sprache des alten Goethe. Er empfindet das Leben als eine „ekelhafte Last", wenn er nur Trennung, Zerrissenheit, Auseinanderfallen aller Seinsbereiche sieht.[5] Im Rückblick nennt er die Französische Revolution das „schrecklichste aller Ereignisse",[6] und zwar nicht wegen ihrer Zwecke und Ziele, die er als notwendige Folge des jahrhundertelangen Mißbrauchs der Privilegien einer feudalen Oberschicht ansah. Seine Ablehnung galt vielmehr den Exzessen bei der Durchführung. In ihnen sah er u.a. seine Auffassung bestätigt, daß „man denn niemals mehr von Freiheit reden hört, als wenn eine Partei die andere unterjochen will und es auf weiter nichts abgesehen hat, als daß Gewalt, Einfluß und Vermögen von einer Hand in die andere gehen sollen."[7]

Seine Abneigung gegen radikale Ideologien geht im Prosateil des „Divan" in die Formulierung des Gegensatzes zwischen Poet und Prophet ein: danach bringt der Poet in seinem Medium, der Sprache, durch die Vielfalt bildhafter Assoziationen Mannigfaltigkeit der Bedeutung hervor. So zeigt er sich „in Gesinnung und Darstellung grenzenlos; alle übrigen Zwecke versäumt er. Der Prophet hingegen sieht nur auf einen einzigen bestimmten Zweck: solchen zu erlangen, bedient er sich der einfachsten Mittel. Irgendeine Lehre will er verkünden und, wie um eine Standarte, um sie die Völker versammeln. Hierzu bedarf es nur, daß die Welt glaube; er muß also eintönig werden und bleiben."[8]

Nichts wurde Goethe weniger verziehen, als daß er sich dem großen Chor der Freiheitskämpferlyrik verweigerte, im Ton von E. M. Arndts „Der Gott der Eisen wachsen ließ" oder den banal schwungvollen Versen Theodor Körners, in denen stets Mut auf Blut reimt und Morgenrot auf Tod.[9] Als 20 Jahre später Eckermann ihn auf diese Problematik ansprach, entgegnete Goethe: „Wie hätte ich nun Lieder des Hasses schreiben können ohne Haß, und ich haßte die

---

[4] An J. H. Meyer, 21.7.1813, WA IV, 23, S. 403.

[5] Jubiläumsausgabe 24, S. 158.

[6] HA XIII, S. 39.

[7] Zitiert bei E. Krippendorff, „Wie die Großen mit den Menschen spielen". Goethes Politik. Frankfurt / Main 1988, S. 83.

[8] Noten und Abhandlungen zum West-östlichen Divan, Abschnitt „Mahomet", HA II, S. 143.

[9] Dazu Eberhard Lämmert, Die vaterländische Lyrik und Goethes „West-östlicher Divan", in: Literaturwissenschaft und Geschichtsphilosophie. Festschrift für Wilhelm Emrich, Berlin 1975. Und: Monika Lemmel, Poetologie in Goethes west-östlichem Divan, Heidelberg 1987, bes. S. 23-39.

Franzosen nicht. Wie hätte ich, dem nur Kultur und Barbarei von Bedeutung sind, eine Nation hassen können, die zu den kultiviertesten der Erde gehört und der ich einen so großen Teil meiner Bildung verdanke. Überhaupt", fuhr Goethe fort, „ist es mit dem Nationalhaß ein eigenes Ding. Auf den untersten Stufen der Kultur werden Sie ihn immer am stärksten und heftigsten finden. Es gibt aber eine Stufe, wo er ganz verschwindet und wo man gewissermaßen über den Nationen steht und man ein Glück oder ein Wehe seines Nachbarvolkes empfindet, als wäre es dem eigenen begegnet. Diese Kulturstufe war meiner Natur gemäß, und ich hatte mich darin lange befestigt, ehe ich mein sechzigstes Jahr erreicht hatte." [10]

Noch stärker als die Tagesereignisse bekümmern und beunruhigen Goethe Entwicklungen, von denen er die Zukunft des Menschen bedroht sieht. In Schillers prägnanter Formulierung heißt es 1800: „Jetzt aber herrscht der Nutzen und beugt die gesunkene Menschheit unter sein tyrannisches Joch. Auf dieser groben Waage hatte das geistige Verdienst der Kunst kein Gewicht; und so verschwindet sie von dem lärmenden Markt des Jahrhunderts." Goethe hält die eigene Epoche für eine „überbildete" und „verbildete" Spätzeit, für einen Abfall des Menschen von der Natur. Sie befindet sich in einem durch „Wissenschaft, Technik, Politik, Kriegs- und Friedensverkehr und -verderb unendlich verklausulierten, zersplitterten Zustand."[11] Goethes scharfe Polemik gegen Newton ist der erregte Ausdruck einer geschichtlichen Verantwortung, die sich nicht damit abfinden kann, daß die Entwicklung der neueren Menschheit eine Kluft aufreißt, die nicht mehr zu schließen ist: die Kluft nämlich zwischen einer seelenlos mechanisch gewordenen Welt der Wissenschaft und dem handelnden und leidenden Menschen, der sich aus der Wirklichkeit herausgedrängt sieht.

Aus dieser düsteren Grundstimmung erlebt Goethe im Sommer 1814 eine Befreiung durch die Lektüre der „Diwan"-Gedichte des Persers Hafis, der im 14. Jh. in Schiraz lebte und als der größte persische Lyriker gilt. Die Lektüre löst in Goethe einen neuen Schaffensschub aus.[12] In dem vorausgehenden Jahrzehnt hatte er zunehmend an einer gewissen Erschöpfung seines klassizistischen Formideals gelitten. Nicht ohne Grund war die „Pandora" Fragment geblieben und „Des Epimenides Erwachen" lustlos verfaßt worden. Er stellte fest: „Wenn eine gewisse Epoche hindurch in einer Sprache viel geschrieben und in derselben von vorzüglichen Talenten der lebendig vorhandene Kreis

---

[10] Gespräche mit Eckermann, 14.3.1830.

[11] „Noten und Abhandlungen", Abschnitt „Vergleichungen".

[12] Dazu Ingeborg H. Solbrig, Hammer-Purgstall und Goethe. „Dem Zaubermeister das Werkzeug", Bern und Frankfurt / Main 1973 (= Stanford German Studies I).

menschlicher Gefühle und Schicksale durchgearbeitet worden, so ist der Zeitgehalt erschöpft und die Sprache zugleich, so daß nun jedes mäßige Talent sich der vorliegenden Ausdrücke als gegebener Phrasen mit Bequemlichkeit bedienen kann."[13] Als er Ende Juli 1814 zum ersten Mal seit siebzehn Jahren wieder an Rhein und Main fährt, den Hafis neben sich, entstehen zwanzig Gedichte, bei der Ankunft in Wiesbaden, also ein Jahr vor der vertieften Verbindung mit Marianne von Willemer, „Selige Sehnsucht". Der „Divan" entstand anfangs eben nicht aufgrund einer neuen Liebe, sondern – wie Ekkehart Krippendorf zusammenfaßt – „vor dem Hintergrund von Leipzig und Waterloo, von Franzosenhaß und deutschem Nationalismus, ein stiller Appell zur Besinnung auf Wesentliches, auf das transkulturell Einigende und sich gegenseitig Befruchtende und nicht die Einstimmung in Kriegsgeschrei und Heldentum."[14] Im letzten Gedicht des „Divan" legt Goethe seine Lieder „an den Busen meinem Volke"; er bittet den Verleger um eine hohe Auflage, damit das Buch in die Hände Vieler gerate.

Die Hoffnung hat getrogen. Die erste Auflage von 1819 war noch 100 Jahre später im Buchhandel erhältlich. Schon der überwiegende Teil zeitgenössischer Reaktionen auf den „Divan" sieht darin eine „grillenhafte Maskerade", ein „Treibhausgewächs".[15] Der „Divan" braucht, mehr noch als andere Alterswerke Goethes, eine Einübung in diese neue Dichtart mit ihrem reichen Zuwachs an orientalischer Motivik und vor allem an Goethes eigener Bildhaftigkeit. Beglückt, aber auch überwältigt spricht Goethe angesichts der Fülle des neuen Anschauungsmaterials von einem „Meer", in dem er gelegentlich zu ertrinken fürchte.[16] „Brächte man nicht so viel Form mit sich, so wäre man verloren."[17] „Er bringe von den Alten mehr Bildung und Bildlichkeit mit", schreibt Boisserée über Goethe am 3. 8. 1815 in sein Tagebuch. „Das ist gerade das einzige, was den Orientalen abgeht, die Bilder."[18] Ganz und gar Bild geworden ist im

---

[13] Maximen und Reflexionen, N°.1005.

[14] Krippendorff, a. a. O., S. 81.

[15] Zur Rezeptionsgeschichte des Divan: Edgar Lohner, Studien zum West-östlichen Divan Goethes Bd. 1, Wege der Forschung, Darmstadt 1971, bes. S. 3-14; sowie Konrad Burdach, Vorspiel. Gesammelte Schriften zur Geschichte des deutschen Geistes, Bd. 2, Halle 1926, S. 376.

[16] Zitiert bei Weitz, a. a. O., S. 377.

[17] Ebd., S. 411.

[18] Sulpiz Boisserée, Tagebücher I (1808-1823), Darmstadt 1978. Die Stelle lautet im Zusammenhang: „Freiheit der Form, abgerissen einzeln - und doch bringt er von den Alten mehr Bildung und Bildlichkeit mit. Das ist gerade das einzige, was den Orientalen abgeht, die Bilder -. In so weit sei er so eitel und übertrieben zu sagen, daß er darüberstehe, das Alte und Neue verbindet.-" S. 228.

„Divan“ der Hinweis darauf, wie denn so manches Geheimnisvolle hier zu lesen sei.

Wink

Das Wort ist ein Fächer! Zwischen den Stäben
Blicken ein Paar schöne Augen hervor.
Der Fächer ist nur ein lieblicher Flor,
Er verdeckt mir zwar das Gesicht,
Aber das Mädchen verbirgt er nicht,
Weil das Schönste was sie besitzt,
Das Auge, mir ins Auge blitzt.

Das Wort ist also Fächer, ist „lieblicher Flor“, ist Verhüllen und Sichtbar-Machen des „offenbaren Geheimnis“; die Welt spiegelt sich im Auge der Schönheit, spiegelt sich doppelt im entzückten, ja liebenden Auge des Betrachters, wobei erst die Polarität von Blick in Blick den Blitz des Erkennens, die Steigerung hervorbringt.[19] In der Prosa der „Noten und Abhandlungen“ lautet das: „Der geistreiche Mensch, nicht zufrieden mit dem, was man ihm darstellt, betrachtet alles, was sich den Sinnen darbietet, als eine Vermummung, wohinter ein höheres geistiges Leben sich schalkhaft-eigensinnig versteckt, um uns anzuziehen und in edlere Regionen aufzulocken.“[20] Erst die „Vermummung“ macht also das höhere geistige Leben transparent: „Der Dichtung Schleier aus der Hand der Wahrheit.“[21] Schleierbilder durchziehen den ganzen „Divan“, als Flor, Schal, Seide, Musselin, als Nebel, Wolke oder Fata morgana. Nur im Medium der Poesie scheint es Goethe möglich, über das Wirkliche hinaus das Mögliche zu gestalten und so der zerstückelten und zerstückelnden Zeit Urbilder aufzuzeigen, die das Sein jeweils als Ganzes entwerfen, „Himmelslehr’ in Erdesprachen.“

Seit seiner Jugendbegegnung mit Herder ist Goethe die Vorstellung geläufig, daß eine überalterte Zeit sich durch die poetische Beschwörung früher Kulturen zu verjüngen, vom überlagernden Schutt der Jahrhunderte zu reinigen vermag. Der Titel des programmatischen ersten Gedichts des „Divan“ lautet „Hegire“, die französische Form für „Hedschra“, die Flucht Mohammeds von Mekka nach Medina im Jahre 622 n. Chr. Der Titel deutet also sowohl auf Flucht wie auf

[19] Dazu die schöne Interpretation von „Wink“ von Werner Keller in: Goethes dichterische Bildlichkeit. Eine Grundlegung, München 1972, S. 17ff.

[20] „Noten und Abhandlungen“, Abschnitt „Künftiger Divan“, HA II, S. 197.

[21] Werner Keller (1972), bes. S. 20-35; Wilhelm Emrich, Die Symbolik von Faust II, Bonn 1957: „Der Schleier ... ist primär nicht Verhüllung der Wahrheit, sondern ihre Erschließung im Bild und sinnlichen Schein“, S. 53.

Neubeginn, einen Aufbruch mit religiösen Untertönen, Aufbruch zu den Quellen des grünen Gottes Chiser, aus dessen Wassern sich die Natur reinigt und erfrischt und aus der Hafis der Legende nach Verjüngung trank. Die Huris sind die unverwüstlich jungfräulichen Gespielinnen der (selbstverständlich männlichen) Insassen des islamischen Paradieses,[22] also das genaue Gegenteil dessen, was die deutsche Sprache unter einem ähnlich klingenden Wort versteht, ein Anklang, mit dem Goethe humorvoll spielt. Das Gedicht lautet:

Hegire

Nord und West und Süd zersplittern,
Throne bersten, Reiche zittern,
Flüchte du, im reinen Osten
Patriarchenluft zu kosten,
Unter Lieben, Trinken, Singen
Soll dich Chisers Quell verjüngen.

Dort im Reinen und im Rechten
Will ich menschlichen Geschlechten
In des Ursprungs Tiefe dringen,
Wo sich noch von Gott empfingen
Himmelslehr' in Erdesprachen,
Und sich nicht den Kopf zerbrachen.

Wo sie Väter hoch verehrten,
Jeden fremden Dienst verwehrten;
Will mich freun der Jugendschranke:
Glaube weit, eng der Gedanke,
Wie das Wort so wichtig dort war,
Weil es ein gesprochen Wort war.

Will mich unter Hirten mischen,
An Oasen mich erfrischen,
Wenn mit Caravanen wandle,
Schawl, Caffee und Moschus handle;
Jeden Pfad will ich betreten
Von der Wüste zu den Städten.

Bösen Felsweg auf und nieder
Trösten, Hafis, deine Lieder,
Wenn der Führer mit Entzücken

---

[22] Vgl. die Definition bei Weitz (1951), S. 512.

Von des Maulthiers hohem Rücken
Singt, die Sterne zu erwecken
Und die Räuber zu erschrecken.

Will in Bädern und in Schenken,
Heil'ger Hafis, dein gedenken;
Wenn den Schleier Liebchen lüftet,
Schüttelnd Ambralocken düftet.
Ja des Dichters Liebeflüstern
Mache selbst die Huris lüstern.

Wolltet ihr ihm dieß beneiden,
Oder etwa gar verleiden;
Wisset nur, daß Dichterworte
Um des Paradieses Pforte
Immer leise klopfend schweben
Sich erbittend ew'ges Leben.

Im Sprung durch Räume und Zeiten flüchtet der Dichter zu des „Ursprungs Tiefen", zu Patriarchenwort und Gottesnähe, in eine erträumte Frühzeit. Der Weg der Karawane in den „reinen Osten" führt durch das Feuer der Wüstenhitze zum erfrischenden Wasser und Grün der Oase, über Gefährdungen durch Räuber und Felsweg, also durch Mensch und Natur, zu Orten der Reinigung und rauschhaften Steigerung wie Bädern und Schenken. Hinter diesen Einzelheiten verbergen sich die Urphänomene der vier Elemente, wie in allen großen, zusammenfassenden Gedichten des „Divan". Denn die Religion der alten Parsen ist, so heißt es in den „Noten", „durchaus auf die Würde der sämtlichen Elemente gegründet, insofern sie das Dasein und die Macht Gottes verkünden. Daher die heilige Scheu, das Wasser, die Luft, die Erde zu besudeln."[23] Aber auch eine andere Quelle der Erneuerung verbirgt sich in diesem Gedicht: die fünf Sinne. „Wenn mit Caravanen wandle, Schawl, Caffee und Moschus handle": Hier versteckt sich im Schawl der Tastsinn, in Kaffee und Moschus Geschmacks- und Geruchssinn; die Lieder wenden sich an das Gehör, und der Blick zu den Sternen deutet in bezeichnender Steigerung auf den höchsten Sinn, das Auge. Durch Reinigung und Steigerung mündet der irdische Weg in der Liebe, bei Goethe immer eine der Offenbarungsmächte des Göttlichen im Irdischen. Aber zugleich mit den Liebenden sind da auch noch die Dichterworte, die sich an des Paradieses Pforte ewiges Leben erbitten; denn erst die Kunst vermag dem flüchtigen Augenblick Dauer zu verleihen. In dem Maße, in dem Goethe seine Hoffnung zunehmend auf die rettende Funktion der Poesie

[23] HA II, S. 136.

setzt, gehen in seine Dichtungen poetologische Reflexionen über Dichtung in einer Fülle von Bildern ein.[24]

Geradezu programmatisch für die Poetologie des gesamten „Divan“ ist ein Gedicht, in dem das langgehegte Ideal griechischer Plastik als Vorbild klassizistischer Form von einem beglückten Bekenntnis zu neuer Form abgelöst wird, zu einer Poesie, deren Stofffülle häufig mit Wasserbildern verbunden wird, wie hier mit dem Euphrat. Dem griechischen plastischen „Gebilde aus Ton“, dessen Gestaltungsweise Goethe seit Italien ausschließlich „entzückt“ hatte, wird nun nach der Hafis-Begegnung das Hin- und Widerschweifen im „flüssigen Element“ als höhere Wonne gegenübergestellt.

---

[24] Ich beschränke mich hier auf die Motive der „Hegire“ - Erneuerung durch die Elemente und die Sinne. Daß letztere in diesem Gedicht in ihren „Vermummungen“ bereits vollständig enthalten sind, und noch dazu in der Reihenfolge ihrer Wichtigkeit für Goethe, wurde bisher noch nicht gesehen. Ausführlichere Interpretationen des Gedichts „Hegire“ finden sich spätestens seit Mitte des 20. Jahrhunderts in jeder Goethe-Ausgabe (Beutler, Rychner, Trunz). Durch die vermehrte Beschäftigung mit dem „Divan“ in den 50er und 60er Jahren wurde die „Divan“-Forschung auf neue Grundlagen gestellt: Der Hamburger Orientalist Wolfgang Lentz untersuchte zum erstem Mal „Goethes Noten und Abhandlungen zum West-östlichen Divan“ in ihrer Struktur und deren Bezug zum Gedichtteil (Hamburg 1958); angeregt von einem gemeinsamen Seminar von Lentz und K. L. Schneider entstand die Dissertation von Ingeborg Hillmann, Dichtung als Gegenstand der Dichtung. Untersuchungen zum Problem der Einheit des West-östlichen Divan, Bonn 1965, die erstmals die poetologischen Spiegelungen im Dichtungsteil des „Divan“ untersucht. Ebenso von diesem Seminar angeregt: Edith Ihekweazu, Goethes West-östlicher Divan. Untersuchungen zur Struktur des lyrischen Zyklus, Hamburg 1971. Diese Arbeit ist die erste systematische Strukturanalyse des „Divan“ als Zyklus. In den 50er Jahren begannen Momme und Katharina Mommsen mit ihren bahnbrechenden Quellenuntersuchungen zum „Divan“, ohne die eine fruchtbare Beschäftigung mit dieser Dichtung nicht mehr denkbar ist. „Andererseits“, so W. Lentz, „besage selbst der minuziöse Nachweis von Quellen Goethes noch nichts über die Funktionen von Einzelheiten in einem bestimmten Kontext.“ (Zit. bei Edgar Lohner (Hrsg.), Wege der Forschung Bd. CCLXXXVII, Studien zum West-östlichen Divan Bd. I, Darmstadt 1971 S.10). Es läßt sich seit einiger Zeit eine Art Verselbständigung der Quellenforschung beobachten, so in dem mit stupender Gelehrsamkeit zusammengestellten Kommentarband des „West-östlichen Divan“ der Frankfurter Ausgabe, Band III. 2, hrsg. von Hendrik Birus. Hier wird der symbolischen Bedeutung der Phänomene innerhalb des Einzelgedichts und des Zyklus m. E. zu wenig Raum gegeben. Aber erst auf dieser Ebene stellt sich doch die Vielfalt und Dichte der Bezüge her, ist „jegliches mit jeglichem verbunden“ (Hofmannsthal), worin ja gerade die Einzigartigkeit des Goetheschen Divan besteht. Die Verbindung von faktischer Quellenforschung und eingehender Textinterpretation gelingt eindrucksvoll in der jüngsten Goethe-Ausgabe, Goethe. Sämtliche Werke. Band XI.1. 2, hrsg. von Karl Richter in Zusammenarbeit mit Katharina Mommsen und Peter Ludwig, München 1998.

Lied und Gebilde

Mag der Grieche seinen Thon
Zu Gestalten drücken,
An der eignen Hände Sohn
Steigern sein Entzücken;

Aber uns ist wonnereich
In den Euphrat greifen,
Und im flüss'gen Element
Hin und wieder schweifen.
Löscht' ich so der Seele Brand,
Lied es wird erschallen;
Schöpft des Dichters reine Hand,
Wasser wird sich ballen.

Die Stofffülle orientalischer Dichtung, die vorher im Bild von Meer oder Ozean erschien, wird hier dem Euphrat gleichgesetzt. Aber: die vor der Überfülle „rettende Möglichkeit" ist das Formen zu runder (abgerundeter) Gestalt. So wird im „Divan" das in sich abgeschlossene Kunstwerk immer wieder durch runde Formen symbolisiert, durch Ball oder Kastanie, Tropfen, Tränen, Ring oder, vor allem, die Perle.[25] Analog zu Bildern des flüssigen Elements durchzieht den „Divan" das den Elementen Erde und Feuer zugehörige Bild der Wüste. Es ist auf vielfältige Weise den Wasserbildern verbunden durch Assoziationen wie Weite und Breite, die Gefahr des Sich-Verlierens, durch Bilder wie Welle und Woge, aber auch durch die volkstümliche Vorstellung von Kamelen als „Wüstenschiffen". Charakterisiert werden all diese Bilder des Grenzenlosen auch durch bestimmte Verben und Adjektive, vor allem solche mit breiten i-, e- oder ei-Klängen, wie hin- und herwogen, sich ausdehnen, ziehen und fliehen, weiter und breiter oder - wie in „Lied und Gebilde" - hin- und widerschweifen.[26] Sie treten häufig dort auf, wo es um jene Gedankenreisen in den „reinen Osten" geht, aber auch um Berichte Orientreisender, die Goethe in den „Noten" in einer für ihn bezeichnenden Steigerung des Historischen ins Urbildliche vorträgt. Im Kapitel „Neuere und neuste Reisende" der Noten findet sich die für das „Divan"-Verständnis zentrale Stelle: „Wer kann seine Blicke

[25] Dazu Ingeborg Hillmann, a. a. O., S. 44-47.

[26] Dazu Werner Keller, Der Dichter in der ‚Zueignung'. Hier bemerkt Keller in Bezug auf „Lied und Gebilde" den „Phantasievorgang, der ... in Naturbildern objektiviert ist. Der Dialektik des diastolischen ‚Schweifens' ins Weite und des systolisierenden, formenden ‚Schöpfens' verdankt sich ... das lyrische Artefakt." In: Aufsätze zu Goethes Faust I, hrsg. von Werner Keller, Darmstadt 1991, S. 155.

zurückhalten, daß sie nicht über den Indus hinüberstreifen ..., um aus dem beschränkten Kreise bis zur Tiefe und Weite des Sanskrit zu gelangen ... Über die Halbinsel hinunter bis Java können wir nach Belieben ... unsere Übersicht ausdehnen; und so öffnet sich den Freunden des Orients eine Pforte nach der anderen, um die Geheimnisse jener Welt ... sowie die Herrlichkeit der Poesie kennen zu lernen ..., in die sich reine Menschheit ..., Heiterkeit und Liebe flüchtet, um uns zu überzeugen, daß doch zuletzt in ihr das Heil der Menschheit aufbewahrt bleibe."[27] Geographisch-Reales geht hier fast unmerklich in Irreales über. Die Reise in den Orient wird zu einer Reise ins Land der Dichtung, ganz im Sinne des Vorspruchs zu den „Noten":

> Wer das Dichten will verstehen,
> Muß ins Land der Dichtung gehen.

Das Transportmittel ins „Land der Dichtung", in den „reinen Osten", ist die Karawane. Sollte sie wirklich – wie in der Forschung bisher ausnahmslos angenommen – nur zum Rollenspiel des reisenden Handelsmanns gehören? Sollte sie nicht selber als Bildträger eine Rolle spielen? Versteckt sich in ihr nicht vielmehr in „schalkhafter Vermummung" das Transportmittel (oder Vehikel) der Poesie – die Phantasie? Mit anderen Worten: Die Phantasie bringt den Stoff heran, woraus der Dichter das Gedicht formt. Meine Vermutung wird bestätigt durch einen Satz, den Goethe wie eine Art Schlüssel in das Jean-Paul-Kapitel „Vergleichung" der „Noten" „hineingeheimnist" hat.[28] Zunächst zitiert er einige weit hergeholte Metaphern Jean Pauls, wie z.B. „Barrierentraktat" oder „Manualpantomime" und meint dann, daß dieser Deutsche durch die Art seiner Einbildungskraft sich am ehesten den orientalischen Dichtern vergleichen lasse. Er fährt fort: „Wenn nun diese Ausdrücke einem gebildeten deutschen Leser

---

[27] HA II, S. 244.

[28] Diesem Kapitel widmet Hendrik Birus ein ganzes Buch: Vergleichungen. Goethes Einführung in die Schreibweise Jean Pauls, Stuttgart 1986. Im Kapitel „Orientalische Verfahrungs-Art" (S. 37-44) beschäftigt er sich ausschließlich mit diesem einen, oben zitierten Satz. Nach der Untersuchung eines von Jean Paul benutzten Konversations-Lexikons fährt er fort: „Einer solchen ... ‚Wörterwelt' wird nun in einem kühnen Vergleich die ganz andere Weise gegenübergestellt, wie, dem Orientalen die Außenwelt durch Handels- und Wallfahrts-Caravanen ... bekannt werden könne." Dieser unmittelbare Realitätsbezug der orientalischen Dichtung ist geradezu eines der Leitmotive der „Noten und Abhandlungen". Diesen Realitätsbezug sehe Goethe als eine der Haupteigenschaften der orientalischen Poesie und hier, im Herbeiholen grenzenloser empirischer Einzelheiten, liege auch die gemeinsame poetische Verfahrens-Art, der gemeinsame Nenner zwischen Jean Paul und den orientalischen Poeten (S. 40). Ich bin aber überzeugt, daß in diesem „kühnen Vergleich" Goethe eben jenen Schritt weiter tut, wo ihm Begriffliches, in diesem Falle der poetologische Begriff Phantasie, wie im Divan so häufig, zum Bild wird.

bekannt werden können, gerade wie dem Orientalen die Außenwelt durch Handels- und Wallfahrtskarawanen, so dürfen wir kühnlich einen ähnlichen Geist für berechtigt halten, dieselbe Verfahrensart auf einer völlig verschiedenen Unterlage walten zu lassen."[29] Hier vergleicht also Goethe innerhalb eines scheinbar rein poetologischen Gedankenganges seine neue „Divan"-Dichtart mit derjenigen Jean Pauls und ihrer beider orientalisierende Phantasie mit dem Ziehen und Schweifen der Karawanen! Sehr aufschlußreich erscheint mir auch ein Blick auf eine Strophe des später entstandenen Gedichts „Zu Howards Ehrengedächtnis". Seit seiner Kindheit scheint der Blick in die Wolken Goethes Einbildungskraft beflügelt zu haben.[30] Es heißt hier:

> Nun regt sich kühn des eigenen Bildens Kraft,
> Die Unbestimmtes zu Bestimmtem schafft;
> Da droht ein Leu, dort wogt ein Elefant,
> Kameles Hals, zum Drachen umgewandt,
> Ein Heer zieht an, doch triumphiert es nicht.

Im „Faust II" reitet der Knabe Wagenlenker, eine Allegorie der Poesie, auf einem Drachengespann, also doch wohl die Poesie auf den Flügeln der Phantasie![31] A. Schoene interpretiert diese Szene als von Mantegnas um 1490 entstandenem „Triumphzug Julius Caesars" angeregt und erklärt die Drachen und die Rosse als „gewiß nur wechselnde Bezeichnungen für das gleiche, aus Flügelpferd und Greifenkopf gebildete Fabeltier", den Hippogryph.[32] All diese Vorstellungen lassen sich als bildhafte Ausprägungen des in den „Maximen und Reflexionen" rein begrifflich formulierten Satzes lesen: „Einbildungskraft wird nur durch Kunst, besonders durch Poesie geregelt."[33]

---

[29] Ebd., S. 184ff. – In der „Beilage zu einem Brief an die Erbgroßherzogin Maria Paulowna, Entwurf vom 3. Januar 1817, ergänzt Goethe seinen Hinweis auf ein Skizze über die Kantische Philosophie um folgende Feststellung: „Hier werden als Hauptkräfte unsres Vorstellungsvermögens *Sinnlichkeit*, *Verstand* und *Vernunft* aufgeführt, die *Phantasie* aber vergessen, wodurch eine unheilbare Lücke entsteht."

[30] In seinen meteorologischen Aufsätzen von 1817 („Divan"-Zeit!) schreibt Goethe in seinem Vorwort zu „Wolkengestalt nach Howard": „Mit kindlichem, jugendlich-frischem Sinn, bei einer städtisch-häuslichen Erziehung, blieb dem sehnsuchtsvollen Blick kaum eine andere Ausflucht als gegen die Atmosphäre." WA II, 12, S. 6.

[31] Vers 5511: „Seht ihr's durch die Menge schweifen?" bis V. 5708.

[32] In: Frankfurter Ausgabe VII/2, S. 427. (Dazu seine aufschlußreiche Erklärung all dieser „schweifenden" Schein-Gebilde durch einen „greifbaren" Gegenstand, die Laterna magica, auf die sich Goethe im Text auch beruft: V. 5518), a. a. O., S. 479ff.

[33] No. 1002, HA XII, S. 506.

Durch die bisherige Untersuchung wird nun der Zugang zu einem Gedicht wesentlich erleichtert, das Goethe im sog. „Wiesbadener Register“ vom Mai 1815 unter dem Titel „Caravane“ eintrug. Ausführlich hat sich bisher nur Katharina Mommsen mit dem Gedicht beschäftigt, und zwar ganz im Sinne ihrer Quellenforschungen.[34] Bei Rychner steht mehr der Blick des Reisenden in eine „gewaltige sich ihm erschließende Welt des Ostens“ im Mittelpunkt, die hier umwittert sei „vom Unheimlichen des Verhängnisses, des qualvoll Leeren, Sinnlosen“[35]. Auch für Rudolf Alexander Schröder führt das Gedicht „an die schauerliche Grenze des Nichts“, in den „Hades der Selbstauflösung“.[36] Es ist das Einleitungsgedicht zum *Buch des Unmuts* und steht somit an exponierter Stelle. In der ersten Strophe gibt es Antwort auf die spöttelnde Frage eines Außenstehenden über den fremdartigen „Zunder“ dieser „Divan“-Welt.
Es lautet:

> „Wo hast du das genommen?
> Wie konnt' es zu dir kommen?
> Wie aus dem Lebensplunder
> Erwarbst du diesen Zunder,
> Der Funken letzte Gluthen
> Von frischem zu ermuthen?“

---

[34] Vgl.: Katharina Mommsen, Goethe und die Moallakat, in: Katharina Mommsen, Goethe und die arabische Welt, Frankfurt/Main 1988, S. 93-116, bes. S. 109ff, zuerst 1960. In ihrer ausführlichen Quellenstudie kommt die Autorin zu dem Schluß, daß hier Neugeburt erfolge durch das Eintauchen in den „Beduinenzustand“ (Goethe, Tagebuch), der Kampfeslust und ständiges Herumziehen einschließt. Goethe wende sich in diesem Gedicht auch gegen die Dogmatisierung seiner näheren und weiteren Umwelt und setze dem den erneuten Aufbruch zur Wanderschaft entgegen (S. 109ff). Auch die Münchner Ausgabe geht nicht über diese Resultate hinaus. Sie zitiert zwar Fata-morgana-Motive in Goethes „Hafis“- und „Chardin“-Lektüre, zieht aber nur folgendes Fazit: „Das Bild der Fata-Morgana ordnet sich - mitsamt den Motiven des Ziehens und Fliehens – der Fiktion eines Karavanenzuges zu, die auch das Stichwort für das Wiesbadener Register abgegeben hatte.“ (A. a. O., S. 548) Übersehen wird dabei u. a., daß Goethe ja bereits 1808 an Bettina von Arnim als Dank für ihr biographisches Material zur Verarbeitung in „Dichtung und Wahrheit“ geschrieben hatte: Sie werde „gelegentlich eine phantastische Abspiegelung in einer fata morgagna zu sehen kriegen“, also das gleiche Bild benutzt für den ästhetischen Schein. Vgl. unten, S. 113.

[35] J. W. Goethe, West-östlicher Divan, hrsg. von Max Rychner, Zürich 1963, S. 464.

[36] Rudolf Alexander Schröder, Gesammelte Werke, Band II, Frankfurt / Main 1952, S. 536. Ich selber habe mich in einer früheren Veröffentlichung mit dem Gedicht befaßt und dessen Einfluß auf den Schluß des „Roman des Phänotyp“ von Gottfried Benn aufgezeigt. Vgl.: Marlene Lohner, „Das Blau erlogner Meere“. Wirkungen des West-östlichen Divans auf Gottfried Benn, in: Goethe-Jahrbuch 1992, S. 145-157, bes. S. 145. Wieder abgedruckt im vorliegenden Band.

Euch mög' es nicht bedünkeln
Es sei gemeines Fünkeln;
Auf ungemeßner Ferne,
Im Ocean der Sterne,
Mich hatt' ich nicht verloren,
Ich war wie neu geboren.

Von weißer Schafe Wogen
Die Hügel überzogen,
Umsorgt von ernsten Hirten,
Die gern und schmal bewirthen,
So ruhig' liebe Leute,
Daß jeder mich erfreute.

In schauerlichen Nächten,
Bedrohet von Gefechten;
Das Stöhnen der Kamele
Durchdrang das Ohr, die Seele,
Und derer, die sie führen,
Einbildung und Stolziren.

Und immer ging es weiter,
Und immer ward es breiter,
Und unser ganzes Ziehen
Es schien ein ewig Fliehen,
Blau, hinter Wüst' und Heere,
Der Streif erlogner Meere.

Dieses erstaunliche Gedicht erscheint mir wie eine lyrische Spiegelung jener Prosastelle aus den „Noten und Abhandlungen“, wo sich für Reisende in den „reinen Osten“ Pforten öffnen, die am Ende ins „Land der Dichtung“ führen. Auch hier die enge Verknüpfung von Realem und Irrealem, von „Beduinenzustand“ und symbolischer Vermummung, von ziehenden Karawanen und schweifender Phantasie. In einer Häufung von Feuerbildern wird zunächst der Seelenbrand beschworen, dessen alte Glut der Funke der „Hafis“-Dichtung neu entzündet. Hinzu treten Bilder des flüssigen Elements, wenn der Dichter in verhaltenem Jubel vom Glück dieser Neugeburt spricht. In dem Bild vom „Ozean der Sterne“ erweitert sich die Vision ins Kosmische, finden die Grenzenlosigkeit des Ozeans und der Wüste ihre Spiegelung in Höhe und Weite des Sternenhimmels. In großen, meist nur einen einzigen Satz umfassenden Strophenbögen, in wogendem, raunendem Rhythmus endet dieser Zug in einer Strophe, die auf eindringliche Weise von breiten ei-, i- und e-Klängen beherrscht wird: „weiter“ und „breiter“, „fliehen“/ „ziehen“, „Heere“/ „Meere“.

Kampf und Bedrohung haben den Zug der Karawane begleitet. Aber bei aller Gefährdung schwingt der Glückston vom Anfang des Gedichts weiter mit. Der Ernst der Aussage über das „ewige Fliehen" wird gemildert durch den Anklang an die verjüngende Flucht in den „reinen Osten"; ebenso durch das unscheinbare, aber wichtige Wort „scheinen". Es schien, nicht es war ein ewig Fliehen. Dieses scheinbare Fliehen mündet ein in das Dunst- und Schleierbild der Fata morgana: „Blau hinter Wüst' und Heere / Der Streif erlogner Meere." In dieser unwirklichsten aller Naturerscheinungen sind wieder alle vier Elemente versammelt: Sie ist eine Luftspiegelung, die im Feuer der Wüste Wasser vorspiegelt, den reinsten Schein.

Das Wort „Schein" wurde schon von Kant, vor allem dann von Schiller gebraucht für jenen Bereich, in dem eine Idee durch künstlerische Form „in die Erscheinung tritt". Wie eng sich in Goethe schon früher der Begriff des Scheins mit dem Bild der Fata morgana verbindet, geht aus einem Brief vom 3. 4. 1808 an Bettina Brentano hervor, in dem er ihr für einen ihrer Berichte für „Dichtung und Wahrheit" dankt und ankündigt, daß sie gelegentlich „eine phantastische Abspiegelung [davon] in einer fata morgagna", also im dichterischen Werk sehen werde. Im „Caravane"-Gedicht läßt Goethe den Leser im Zug der Beduinen- und Phantasie-Karawanen sowohl Gefahr wie Reiz der Wüste und ihrer Erscheinungen erleben und führt ihn im Bild der Fata morgana in den befreienden Bereich der Kunst des Scheins. Denn hier formt der Dichter „aus Wahrheit und Lüge ein Drittes ... dessen erborgtes Dasein uns bezaubert", wie er in der „Italienischen Reise" schreibt. Im „Faust II" wird die Poesie „die liebliche Lüge" genannt, „glaubhaftiger als die Wahrheit". [37]

Unmittelbar in diesen Zusammenhang gehört das Karawane-Gedicht „Kaisergaben" aus dem „Buch Suleika". Im „Buch Suleika" treten Dichtung und Liebe vom ersten Gedicht an in polaren Bezug zueinander. Liebe gibt erst die Kunst, und Kunst gibt dem flüchtigen Liebesaugenblick Dauer. – Das Gedicht „Kaisergaben" entfaltet sich aus der Spannung zwischen der Begrenztheit und Geborgenheit des „beschränkten Hauses" der Liebe und einer dadurch erst möglich gewordenen grenzenlosen Ausweitung im Geiste. Das Gedicht enthält eine Fülle orientalischer Namen, deren kurze Erläuterung ich vorausschicken möchte. „Timur" steht im ganzen „Divan" für den Despoten, dessen Eroberungen und weltliche Macht denen Napoleons als spätem westlichen Herrscher entsprechen. Das „Hyrkanische Meer" ist das Kaspische Meer; „Samarkand" war sowohl Residenz Timurs wie auch Warenumschlagplatz, vor allem für chinesische Seide, zwischen Ost und West. „Soumelpour" ist ein für seine Dia-

[37] HA XI, S. 53; V. 9642/3.

mantwäschereien bekannter Ort an einem Nebenfluß des Ganges in Bengalen. „Bassora" oder „Basra" war für Goethe seit der ersten Lektüre von „1001 Nacht" in seiner Kindheit neben Bagdad die wichtigste Stadt des Mittleren Orients. Nun das Gedicht:

Nur wenig ist's was ich verlange,
Weil eben alles mir gefällt,
Und dieses Wenige, wie lange,
Gibt mir gefällig schon die Welt!

Oft sitz' ich heiter in der Schenke
Und heiter im beschränkten Haus;
Allein sobald ich dein gedenke,
Dehnt sich mein Geist erobernd aus.

Dir sollten Timurs Reiche dienen,
Gehorchen sein gebietend Heer,
Badakschan zollte dir Rubinen,
Türkisse das Hyrkan'sche Meer.

Getrocknet honigsüße Früchte
Von Bochara dem Sonnenland,
Und tausend liebliche Gedichte
Auf Seidenblatt von Samarkand

Da solltest du mit Freude lesen
Was ich von Ormus dir verschrieb,
Und wie das ganze Handelswesen
Sich nur bewegte dir zu lieb;

Wie in dem Lande der Bramanen
Viel tausend Finger sich bemüht,
Daß alle Pracht der Indostanen
Für dich auf Woll' und Seide blüht;

Ja, zu Verherrlichung der Lieben,
Gießbäche Soumelpours durchwühlt,
Aus Erde, Grus, Gerill, Geschieben
Dir Diamanten ausgespült;

Wie Taucherschaar verwegner Männer
Der Perle Schatz dem Golf entriß,
Darauf ein Divan scharfer Kenner
Sie dir zu reihen sich befliß;

Wenn nun Bassora noch das Letzte,
Gewürz und Weihrauch, beigethan,
Bringt alles was die Welt ergetzte
Die Caravane dir heran.

Doch alle diese Kaisergüter
Verwirrten doch zuletzt den Blick;
Und wahrhaft liebende Gemüther
Eins nur im andern fühlt sein Glück.

Nachdem der Dichter sich seiner Liebe versichert hat, „dehnt sich sein Geist erobernd aus". Getragen von der Fremdartigkeit orientalischer Klänge schickt er in souveräner Herrschaft über Räume und Zeiten, über innere und äußere Güter immer neue Phantasie-Karawanen aus. In übermütigem Vergleich mit dem weltlichen Herrscher fühlt er sich diesem durch Geist und Liebesfähigkeit überlegen. In „Kaisergaben" wird die Scheinhaftigkeit der Karawanen durch Kunstgriffe unterstrichen, wie sie selbst im hochartistischen „Divan" einzigartig sind. Zum einen wird fast die gesamte Vision im Konjunktiv und mit Hilfe offener Partizipialkonstruktionen vorgetragen wie: „Dir sollten ... dienen", „solltest du ... lesen", „getrocknet ... Früchte" usw. Zum anderen wird der fiktionale Charakter des Ganzen durch mehrfache Spiegelungen eben dieses Schein-Wesens erhöht. So verweist die vierte Strophe in humorvoller Verfremdung auf die eigenen Gedichte, geschrieben auf (glänzendem) Seidenblatt aus Samarkand, der Residenz des Kaisers, dessen riesige Reiche ja schon vorher Suleika im Geiste zugeeignet worden waren. Die nächste Strophe bringt eine weitere Brechung der Illusion, wenn Hatem der Geliebten die Möglichkeit ausmalt, sie könne in jenen „tausend Gedichten" lesen, was ihr der Dichter zu ihrer Verherrlichung sonst noch „verschrieben" habe. Die achte Strophe steigert nochmals diese Spiegelungen der Poesie innerhalb der Poesie, indem sich zu den Kaisergaben der Edelsteine noch das kostbarste Kunstsymbol des „Divan", die Perle, gesellt.[38] Sie wird hier durch Reihung zur Kette erweitert. Dadurch wird die Grundspannung des Gedichts und des ganzen „Divan" von Individuum und Gemeinschaft erneut ins Bild gefaßt. Mit äußerster künstlerischer Konsequenz findet sich an dieser Stelle die im gesamten Zyklus einzige Erwähnung des Titelworts „Divan". Wenn hier ein „Divan", also eine „Versammlung" von Kennern die Perlen reiht, so legt dies den Gedanken nahe, daß „das schöne All" der einzelnen Perle durchbohrt werden muß, um etwas noch Kostbareres – die Perlenkette – entstehen zu lassen. Ins Gesellschaftliche übertragen, geht es hier um die Selbstaufgabe zugunsten einer Gemeinschaft, ein Thema, das im „Divan" mehrfach wiederkehrt, auch dies ein Niederschlag von Goethes Krisenbewußtsein dieser Jahre. Nach einer letzten gedanklichen Ausdehnung durch die Anspielung auf die Gaben der Könige aus dem Morgenland und damit mög-

[38] Daß auch Hafis die Perle als Kunstchiffre benutzte, war Goethe aus von Hammers Vorrede zu seiner Hafis-Übersetzung bekannt. Goethe weitet die Bedeutung dieses Symbols für seinen Divan innerhalb der verschiedenen Bücher immer mehr aus. Rychner (a. a. O., S. 513) faßt zusammen: „Sie bedeuten die Gedichte, Werke der Kunst, die sich in den Fluten des Lebens bilden. Die Brandung ‚deiner Leidenschaft', das heißt, deiner, aber auch: meiner Leidenschaft zu dir, haben die Perlen an den Strand geworfen. Nicht aber erzeugt. Denn sie sind Regentropfen Allahs, von ihm der bescheidenen Muschel im Meer zum Reifen anvertraut. Ein höheres Prinzip als die Lebensbrandung ist wirksam, um sie zu bilden." S. dazu die Kommentare von H. Birus, a. a. O., bes. Band II, S. 1225; dort auch Bibliographie; ebenso K. Richter, (zus. m. K. Mommsen und P. Ludwig) a. a. O., Band XI.1. 2, bes. S. 618f. Auch die Edelsteine des Gedichts (Rubinen, Türkise, Diamanten) haben neben der Erwähnung der Perle nicht nur ihre reale, sondern eine symbolische Bedeutung. Spätestens seit 1795 setzt Goethe, wie K. Mommsen überzeugend nachweist, Schillers theoretische Begriffe „um": „In Übereinstimmung damit, daß Schiller in den ‚Ästhetischen Briefen' alle Kunst als ‚schönen Schein' definiert, gibt Goethe all den Kreativen des „Märchens" die wunderhafte Eigenschaft des Leuchtens, Glänzens, Scheinens"; und: „an der prächtigen Brücke deuten die Säulengänge auf Kunst, noch mehr aber die ‚aus leuchtenden Edelsteinen' gebildeten Pfeiler. Edelsteine sind im Märchen ... Symbole für Kunst." (Goethes Märchen, hg. von Katharina Mommsen, Frankfurt 1984, S. 205 und 210.) Das bekannteste Beispiel für diesen Aspekt Goethescher Symbolik ist wohl der Auftritt des Knaben Lenker im ersten Akt des „Faust II", der mit (scheinhaften) Edelsteinen um sich in die Menge wirft.

licherweise auf Christus[39] wird die ausschweifende Phantasie schließlich wieder ins Begrenzte zurückgeführt, mit einer Zeile, die als einzige ausdrücklich das Wort „Karawane" enthält. – Leben und Liebe haben im Gedicht „Kaisergaben" schließlich das letzte Wort, aber Kunst und Phantasie behalten allein schon durch die Fülle der ihnen gewidmeten sieben Strophen eine innere Übermacht.

Das Gedicht enthält noch mehr. Denken wir zunächst, es handele sich hier um einen an orientalische Namen geknüpften Zug gen Osten, so ergibt die geographische Überprüfung etwas ganz anderes. Da geht es im Zickzack von *Badakschan* im Nordosten geradewegs westlich zum *Kaspischen Meer*, von da wieder östlich bis *Samarkand*, dann scharf südwestlich nach *Ormus*, von dort zum fernen Indischen Ozean ans *Gangesdelta*, nach *Industan*, und schließlich wieder zurück zum *Persischen Golf* in die Nähe von *Schiras*, dem geistigen Ausgangspunkt, sowie nach *Basra* am Zusammenfluß von Euphrat und Tigris. Mit anderen Worten: Die Karawanen schweifen hin und wider, sie wogen hin und her, im Zickzack, kreuz und quer. Diese Verse zeigen nicht nur auf, daß Schätze der Phantasie wie orientalische Handelswaren transportiert werden; das Gedicht ist darüber hinaus Inbild und Abbild der Phantasie selber. In reinster Abspiegelung tritt hier die Idee in die Welt der Erscheinungen. Es gelingt etwas, was Goethe 1815 dem jungen Freund Sulpiz Boisserée als Wunschvorstellung anvertraut: „Das ist die höchste Höhe der Kunst, wo der Gegenstand gleichgültig wird, ... sie rein absolut, wo der Gegenstand nur der Träger ist."[40]

Auch das nach dem Tag des Abschieds von der Gerbermühle, am 17.9.1815 geschriebene Gedicht „Als ich auf dem Euphrat schiffte" erfährt durch das hier vorgetragene Verständnis der Karawanen eine erhebliche Vertiefung. Das Gedicht lautet:

---

[39] Diese etwas gewagte Verknüpfung von etwas sehr Realem mit dem durchgehenden Divan-Thema religiöser Erneuerung aus östlichen und westlichen Quellen erscheint mir zumindest möglich im Sinne von Goethes Faszination durch die Verknüpfungskünste orientalischer Dichter: „Jene Dichter haben alle Gegenstände gegenwärtig und beziehen die entferntesten Dinge leicht aufeinander", in: „Allgemeinstes" in „Noten und Abhandlungen", HA II, S. 165. Man könnte aber auch Goethes geliebtes Luftballon-Gleichnis anführen und mit ihm sagen: „Das Orientalisieren finde ich sehr gefährlich, denn eh man sich's versieht, geht das derbste Gedicht, wie ein Luftballon, für lauter rationellem und spirituellem Gas, womit es sich anfüllt, uns aus den Händen und in alle Lüfte" (an Zelter, 17. April 1815). Trunz (HA II, S. 548) fordert vom Leser des Divan-Zyklus ein „besonderes Maß von tätiger Anteilnahme". Die Belebung der Phantasietätigkeit eines modernen Lesers ist schließlich eine der Hoffnungen des alten Goethe.

[40] Sulpiz Boisserée, Tagebücher I, (1808-1823), Darmstadt 1978, S. 268 (3.8.1815).

Suleika

Als ich auf dem Euphrat schiffte,
Streifte sich der goldne Ring
Fingerab in Wasserklüfte,
Den ich jüngst von dir empfing.

Also träumt' ich. Morgenröthe
Blitzt in's Auge durch den Baum,
Sag' Poete, sag' Prophete!
Was bedeutet dieser Traum?

Hatem

Dieß zu deuten bin erbötig!
Hab' ich dir nicht oft erzählt,
Wie der Doge von Venedig
Mit dem Meere sich vermählt?

So von deinen Fingergliedern
Fiel der Ring dem Euphrat zu.
Ach zu tausend Himmelsliedern,
Süßer Traum, begeisterst Du!

Mich, der von den Indostanen
Streifte bis Damascus hin,
Um mit neuen Caravanen
Bis an's rothe Meer zu ziehn,

Mich vermählst du deinem Flusse,
Der Terrasse diesem Hain,
Hier soll bis zum letzten Kusse
Dir mein Geist gewidmet sein.

In seiner grundlegenden Interpretation dieses Gedichts hatte Edgar Lohner die enge Verknüpfung von Liebe und Kunst aufgezeigt, als polare Voraussetzung für die Steigerung beider zu „Geist". Aber auch er sieht die Karawanenstrophe nur als die Fiktion der östlichen Handelsreise, als Gegenpol zur westlichen Schlußstrophe.[41] Verstehen wir diese Karawanenstrophe aber umfassender auch als Erneuerung des emphatischen Ich aus der Phantasie, so erhält das Gedicht

[41] Ähnlich Monika Lemmel, a. a. O. S. 230 und H. Richter, a. a. O., S. 650; bei Edgar Lohner a. a. O., Bd. II, S. 277-304, bis. S. 295.

eine bemerkenswerte Intensivierung seiner Bildverknüpfungen zu „gesteigertem“ Sinn.

Die Beschäftigung mit den Karawanen-Gedichten führt, wie ich glaube, zu einem weiteren aufschlußreichen Ergebnis. Fast ausnahmslos bezeichnen die bisherigen „Divan“-Kommentare das bereits 1797 entstandene Kapitel „Israel in der Wüste“ aus den „Noten und Abhandlungen“ mit Worten wie „Einschub“, „Anhängsel“, „Exkurs“ oder dergleichen, jedenfalls als eine Art Notlösung für Goethe, um das nun einmal vorhandene Manuskript über einen anderen frühzeitlichen Wüstenzug in einem größeren Zusammenhang unterzubringen. Goethe übt in dieser Abhandlung im Einklang mit einer beginnenden Zeitströmung historisch-geographische Bibelkritik. Er weist aufgrund genauer kartographischer Messungen nach, daß der Zug Moses' mit dem Volke Israel durch die Wüste keinesfalls, wie die Bibel sagt, 40 Jahre habe dauern können, sondern höchstens 2 Jahre. Er befaßt sich mit der biblischen Zahlensymbolik, wonach „mehrere runde, heilig, symbolisch, poetisch zu nennende Zahlen“ bestimmten menschlichen Grundphänomenen, Tätigkeiten und Zuständen zuzuordnen seien. „Die Zahl Sieben scheint dem Schaffen, Wirken und Thun, die Zahl Vierzig hingegen dem Beschauen, Erwarten, vorzüglich aber der Absonderung gewidmet zu sein.“ Er behauptet, die vielen topographisch nicht nachweisbaren Stationsnamen seien in das 33. Kapitel des Vierten Buches Mose nachträglich eingeschoben worden, um irgendwie die überlange Dauer des Zuges zu stützen. Die neuzeitlichen Exegeten dieses Berichts gebärdeten sich „gar wunderlich“, um auf der Karte „das Unmögliche anschaulich zu machen“. Einer von ihnen, Kalmet, schiebe die unechten Stationen in die Wüste Sinai ein. In der überarbeiteten Fassung von 1819 heißt es: „Hier kann er nicht genug Zickzacks auf seine Karte zeichnen, ... er legt einige seltsame Städte dem reisenden Volk in den Weg, ... sucht sich aus der Not durch wunderliche Kreuz- und Querzüge zu helfen, ... setzt einen Teil der überflüssigen Orte gegen das Mittelländische Meer zu, und bringt durch die seltsamsten Irrsprünge seine Leute endlich an den Fluß Arnon.“[42] Bei einem anderen namens Nolin, schreibt Goethe, tanzt „die Caravane eine Polonaise, bis sie wieder ans Rote Meer gelangt“.[43] So weist

---

[42] HA I, S. 350.

[43] HA II, S. 221 u. 222 – Goethe hatte sich nach 1797, dem Entstehungsdatum eines großen Teils, im Jahre 1812 noch einmal mit dem Aufsatz beschäftigt in der Absicht, ihn im XII. Buch von „Dichtung und Wahrheit“ zu benutzen. Diesen „früheren Aufsatz“ von 1812, abgedruckt in WA I, 7, S. 311-335, redigiert er im Jahr der Veröffentlichung der „Noten und Abhandlungen“, in der zweiten Hälfte April 1819 laut Tagebuch vom 21.4.: „Älterer Aufsatz über die Kinder Israel in der Wüsten ... Reiseroute der Kinder Israel“. Am 23. April: „Aufsatz über den Zug der Kinder Israel zu redigieren angefangen. John schrieb ab. ... Die Nolinsche Karte über die Wanderung der Israeliten betrachtet.“ Ähnliche Eintra-

Goethe nach, daß schon die alten Bibelerzähler, dann auch die neueren Ausleger um der Poesie, um der Symbolik willen für diese mystischen biblischen Epochen historische Zahlen oder Fakten „künstlich“ veränderten. Die zitierten Stellen lesen sich für uns wie eine Prosaspiegelung des biblischen Wüstenzuges zu den west-östlichen Karawanenzügen des Gedichts „Kaisergaben“. Ich nehme an, daß Goethes Interesse am Aufzeigen des hohen Anteils der Phantasie beim Hervorbringen von Poesie maßgeblich an seinem Entschluß beteiligt war, den Abschnitt „Israel in der Wüste“ in die „Noten und Abhandlungen“ hineinzunehmen.

Zusammenfassend läßt sich festhalten: Gegen erstarrte Systeme und Ideologien einer zerdachten Spätzeit, gegen eine unheilvolle Entfremdung des Menschen von der Natur, den Sinnen, den Elementen setzt Goethe seine Botschaft von der „Ehrfurcht vor allem, was den Menschen Natürliches umgibt“, setzt er seine Hoffnung auf die Heilkraft der Poesie. Indem diese – und ich zitiere Adolf Muschg – immer wieder das Mögliche vor Augen führt, leistet sie Widerstand gegen das, „was uns heute alltäglich bedroht: die Vereisung durch Sachzwänge, den Tod im Leben, den Untergang der Menschheit – zuerst der Menschlichkeit – im Absterben der Phantasie“[44]. Wenn wir in der „Italienischen Reise“ ab 1810 bereits lesen, daß Goethe fürchtet, dereinst werde die Welt „ein großes Hospital und einer des anderen humaner Krankenwärter sein“[45], so ahnt man, wie schwer errungen gegen alle Skepsis das unermüdliche Appellieren an die Gegenkräfte gewesen sein muß. Es wird nun noch klarer, warum er die „Divan“-Lieder seinem Volke an den Busen legte. Es ist nun an uns, Goethes Sorge um die Zukunft endlich ernst zu nehmen.

---

gungen bis zum 26. April. Diese Fassung von 1819 differiert von der früheren von 1812 zwar weniger faktisch als in einigen Formulierungen. Die oben zitierten Passagen lauten in ihrer Entsprechung von 1812: „Kalmet sucht sich aus den Widersprüchen durch wunderliche Kreuzzüge zu helfen, setzt einen Teil der überflüssigen Orte gegen das mittelländische Meer zu, ... und bringt auf wunderlichen Irrgängen sein Volk zweimal nach dem selben Kades.“ Die „Kreuzzüge“ ersetzt er also durch „Kreuz- und Querzüge“, die „wunderlichen Irrgänge“ durch die „seltsamsten Irrsprünge“, und der Satz über die tanzende „Caravane“ fehlte 1812 noch ganz!

[44] Adolf Muschg, Goethe als Emigrant. Auf der Suche nach dem Grünen bei einem alten Dichter. Frankfurt / Main 1986, S. 98.

[45] HA XI, S. 332.

III

„Mit Poesie umsponnen“

Neues zur Marienbader Elegie

Als Wilhelm von Humboldt während Goethes schwerer Erkrankung Mitte November 1823 als einer der ersten das Gedicht lesen durfte, schrieb er an seine Frau: „Die Elegie behandelt nichts als die alltäglichen und tausendmal besungenen Gefühle der Nähe der Geliebten und des Schmerzes des Scheidens, aber in einer so auf Goethe passenden Eigentümlichkeit", daß das Gedicht das Schönste, was er je gemacht habe, vielleicht übertreffe, „weil es die Frische der Phantasie ... mit der künstlerischen Vollendung verbindet, die doch nur langer Erfahrung eigen ist". Von der künstlerischen Vollendung also ist hier die Rede, von der Frische der Phantasie, und dann macht Humboldt im weiteren Verlauf dieses Briefes eine bemerkenswerte Feststellung: „Es ist mir sehr klar geworden, daß Goethe noch sehr mit den Marienbader Bildern beschäftigt ist, allein mehr, wie ich ihn kenne, mit der Stimmung, die dadurch in ihm aufgegangen ist, und mit der Poesie, mit der er sie umsponnen hat, als mit dem Gegenstand selbst. Was man also vom Heiraten und selbst von Verliebtheit sagt, ist teils ganz falsch, teils auf die rechte Weise zu verstehen."[1]

Wie sehr Goethe darunter gelitten hat, daß die Rezeption seiner Werke häufig von biographischer Neugierde überlagert war, ist vielfach bezeugt. So an Zelter am 27. März 1830: „Ich habe nun noch eine besondere Qual, daß gute, wohlwollende, verständige Menschen meine Gedichte auslegen wollen und dazu die Specialissima, wobei und woran sie entstanden seien, zu eigentlichster Einsicht unentbehrlich halten, anstatt daß sie zufrieden sein sollten, daß ihnen irgendeiner das Speziale so ins Allgemeine emporgehoben, damit sie es

[1] W. v. Humboldt besuchte Weimar vom 12. – 23. November 1823. Goethe litt seit etwa dem 9. November unter dem erneuten Ausbruch von Angina pectoris (vgl. Frank Nager, Der heilkundige Dichter. Goethe und die Medizin, Zürich / München 1990, S. 36). Goethe gab Humboldt als einem der ersten die Elegie am 19. November zu lesen (vorher schon Eckermann am 27. Oktober; s. auch Goethes Tagebücher). Humboldts wichtiger Brief vom 19. November vollständig abgedruckt bei Flodoard Frhr. v. Biedermann, Goethes Gespräche, ergänzt u. hrsg. v. Wolfgang Herwig. Zürich / Stuttgart 1965, Bd. III, S. 623f.

wieder in ihre eigene Spezialität aufnehmen können." Um das „Allgemeine" der Elegie besser erkennen zu können, ist aber zunächst die Kenntnis der biographischen Fakten notwendige Voraussetzung.

Insgesamt sechzehn Sommer verbrachte Goethe zwischen 1785 und 1823 in böhmischen Bädern, die meiste Zeit in Karlsbad und die drei letzten Male in Marienbad. Hier haben, neben dem gewohnten Wasser, Bewegung und Zerstreuung „den erwünschten Einfluß". Diese Reisen sind für ihn die notwendige Unterbrechung des Lebens im Haus „Am Frauenplan", dessen täglicher Ablauf nach dem Tod Christianes und der Heirat Augusts mit Ottilie von Pogwisch durch die Schwierigkeiten der Ehe dieser beiden erheblich belastet war. Er kommt, so schreibt er an Zelter, nicht aus dem Hause, kaum aus der Stube und hämmere dort in seiner „einsamsten Schmiede"[2]. Erfrischend und lösend wirkt in diesen Jahren die Marienbader Geselligkeit; das sind seit 1821 in erster Linie die jung verwitwete Amalie von Levetzow (geb. 1787) und ihre drei Töchter. Man trifft sich auf der Terrasse vorm gemeinsamen Logis, geht zusammen spazieren, klopft Steine, beobachtet die Wolkenbildung, trifft sich am Brunnen und abends beim Tanz. Auf ein paar Zeilen von Ulrike zum Jahreswechsel 1822 / 1823 antwortet ihr Goethe: „Ihr holder Brief, meine Teure, hat mir das größte Vergnügen gewährt ... Denn wenn auch der liebende Papa seiner treuen, schönen Tochter immer gedenkt, so war doch seit einiger Zeit Ihre willkommene Gestalt lebendiger und klarer vor dem innern Sinne als je. ... Bleiben Sie überzeugt, daß meine schönste Hoffnung fürs ganze Jahr sei in den heitern Familien-Kreis wieder hinein zu treten."[3]

Im Februar erkrankte Goethe an einer lebensgefährlichen Herzbeutelentzündung.[4] „Der Tod steht in allen Ecken um mich herum", hörte sein Sohn ihn sagen.[5] Er überwindet die Krise und geht geradezu erfrischt, gestärkt aus ihr hervor. Und so bricht er Ende Juni 1823 erneut nach Marienbad auf in einem unbestimmt freudigen Vorgefühl von Wiedersehen, Wiederfinden. Eine Woche nach ihm treffen sowohl der Großherzog wie die Familie von Levetzow in dem Kurort ein. Im Tagebuch dieser Wochen finden sich ausführliche Eintragungen über Gesteins- und Wetterkunde, Hinweise auf die Arbeit an der eigenen Biographie, den Annalen der Jahre 1818 bis 1820, also der Zeit der abschließenden Arbeit am „West-östlichen Divan", dem 1820 im Reisewagen auf dem Weg nach Karlsbad fünf wichtige abschließende Gedichte für das

---

[2] An Zelter, 18.1.1823.
[3] An Ulrike von Levetzow, 9.1.1823.
[4] Die „Herzbeutelentzündung" war nach Auffassung heutiger Ärzte sehr wahrscheinlich ein Herzinfarkt, s. Frank Nager, Der heilkundige Dichter, a. a. O., S. 103.
[5] Nach Kanzler v. Müller am 23.2.1823, in: Goethes Gespräche, a. a. O., Bd. III/ 1, S. 469.

„Buch des Paradieses" hinzugefügt worden waren. Außerdem vollendet er in diesen Marienbader Tagen die bis dahin fragmentarische Novelle „Der Mann von funfzig Jahren", die Geschichte eines alternden Mannes, der sich heftig in eine junge Frau verliebt, sich nach hartem inneren Kampf zum Verzicht durchringt und das Mädchen dem eigenen Sohn überläßt. Dazwischen nun überall knappe Hinweise auf das seelische Drama, das sich verbirgt unter Formeln wie „Zum Frühstück auf der Terrasse bei der Gesellschaft", „vor Tische bei der Familie", „abends Ball bei Serenissimo ... Blieb man bis 12 Uhr"[6]. Ein Brief an Zelter spiegelt Goethes Stimmung dieser Tage. Er sei, nach so hartem Winter, gewaltsamer Krankheit und einsam tätigen Monaten beinahe lebensunfähig gewesen, nun aber vermelde er, „daß es mir besonders wohl geht; ... Reise, neue Gegenstände, Veränderung aller Art ... riefen mich eigentlich wieder ins Leben. Hier finde ich Berg und Berggenossen leidenschaftlich entzündet wieder; der Funke, den sie von mir aufgefangen, lodert jetzt in ihnen auf dem Grad, daß er mich selbst erleuchtet. So tun auch manche frühere Menschen-Verhältnisse gar wohl ... Das Lokale im Ganzen, besonders auch, wo ich wohne, ist der Geselligkeit günstig genug; es ist eine Terrasse von drei ansehnlichen Häusern, flankiert von zwei gleichgroßen Gebäuden ... Der Großherzog wohnt in der Mitte, und glücklicherweise ist die ganze Nachbarschaft von schönen Frauen und verständigen Männern eingenommen. Ältere Verhältnisse verknüpfen sich mit neuen, und ein vergangenes Leben läßt an ein gegenwärtiges glauben."[7]

Einen Tag vor diesem Brief war ihm Lili Parthey, eine junge Schülerin Zelters, mit Grüßen von diesem bei einer Mittagsgesellschaft begegnet. Goethe hatte sich verabschiedet, sie war ihm noch einmal nachgelaufen und erreichte ihn, wie sie aufgeregt in ihr Tagebuch schreibt, „auf der zweiten Abteilung der Treppe ... Er wandte sich zu mir, ich stand ein paar Stufen höher und sagte mit bewunderungswürdiger Kühnheit, Zelter hätte mir nicht nur einen Gruß aufgetragen, sondern auch, was sich darauf reimt. – Er verstand das augenblicklich, und ich bekam einen sehr schönen – ... Und dann sagte er gar: ‚Mein schöner Engel, Millionendank sage ich Ihnen!' Dabei wollte er mir die Hand küssen, was ich aber natürlich nicht litt, sondern ihm ebenso natürlich den Mund hinhielt ...". Sie sei, so schreibt sie altklug, „in bedeutender Extase" und ganz rot im Gesicht ins Zimmer zurückgekommen[8]. Dem Brief an Zelter gibt Goethe anderntags eine „Beilage" mit, überschrieben „An Lili". Es ist ein kurz vorher an Ulrike gerichteter Vierzeiler, auch in späteren Ausgaben immer der

---

[6] Vgl. Goethes Tagebücher vom 11.7. bis 17.8. 1823, WA III, 9, S. 75ff.

[7] An Zelter, 24.7. 1823.

[8] Lili Parthey in ihrem Tagebuch, Marienbad 23. Juli 1823, aus: Goethe in vertraulichen Briefen seiner Zeitgenossen, hrsg. v. Wilhelm Bode, München 1982, Bd. III, S. 149-151.

Ulriken-Lyrik zugeordnet, in dessen erster Zeile er für Lili nur ein Wort austauschte: „Du hattest längst mirs angetan“, heißt es für Ulrike; für Lili lautet der Vers:

> Du hattest gleich mirs angetan,
> Doch nun gewahr ich neues Leben;
> Ein süßer Mund blickt uns gar freundlich an,
> Wenn er uns einen Kuß gegeben[9].

Lili Parthey ist nur eine Randfigur, die bei ihren schwärmerischen Avancen von der empfänglichen „Stimmung“ profitiert, von der später Humboldt sprechen wird.

In diesen Wochen zwischen Mitte Juli und Mitte August des Jahres 1823 scheinen sich in Goethe Sehnsucht und Traum zur Hoffnung verdichtet zu haben, die 55 Jahre jüngere Ulrike von Levetzow als seine Frau nach Weimar heimführen zu können. Jedenfalls ist dem Tagebuch zu entnehmen, daß er einen Tag vor Carl Augusts Abreise, am 7. August, diesen darum gebeten haben muß, bei Frau von Levetzow um die Hand der Tochter anzuhalten. Die weiteren Eintragungen, offenbar nach umgehend erfolgter Absage, berichten von „schlimmer Nacht“, einem Gespräch mit dem Arzt „über meine Zustände“ und davon, daß Frau von Levetzow krank, also nicht bei der Gesellschaft erschienen sei. Um sich der Peinlichkeit der Situation zu entziehen, plant sie eine verfrühte Abreise mit den Töchtern nach Karlsbad. So berichtet das Tagebuch am 17. August: „Die Familie bereitete sich zur Reise. Man versammelte sich beim Frühstück und machte vor dem Abschied Pläne, sich wiederzusehen. Deshalb man denn auch fröhlich auseinander ging.“ Bei Sohn und Schwiegertochter hatte Goethe schon Anfang August in brieflichen Andeutungen für seine Schritte um Verständnis geworben, so wenn er beklagt: „Das Zusammensein so guter verständiger und geistreicher Menschen, als wir sind, war mitunter so stockend als möglich, zu meiner Verzweiflung; es fehlte ein Drittes oder Viertes, um den Kreis abzuschließen.“[10] Aber am Frauenplan ist alles in heller Aufregung. Man fürchtet die groteske Situation in einem Haus mit einer 20-jährigen Stiefmutter bzw. Stiefgroßmutter. Man droht mit Umzug nach Berlin. Selbst die Enkel werden vorgespannt, wenn August berichtet, daß diese über des „Großvaters Torheiten“ erstaunt gewesen seien. Und wie reagiert eigentlich Ulrike selber? Kurz vor ihrem Tode im Jahre 1899 hat die über 90-Jährige aufgrund insistierender Bitten der damals aufblühenden Goethe-Forschung mit knappen schriftlichen Erinnerungen geantwortet. Sie, die ihren eigenen Vater früh verloren hatte, habe Goethe wie einen Vater lieb

---

[9] Vgl. Erich Trunz, HA I, S. 583.
[10] An Ottilie, 17./18. 8. 1823.

gehabt. Wenn er ganz allein stünde, sie daher glauben dürfte, ihm nützlich zu sein, da wollte sie ihn nehmen; er habe ja aber durch seinen Sohn eine Familie, welche sie verdrängen würde, er brauche sie nicht, und die Trennung von Mutter, Schwestern und Großeltern würde ihr gar zu schwer; sie hätte auch noch gar keine Lust zu heiraten. Sie könne nur wiederholen, daß die Zeit, die sie mit dem liebenswürdigen Manne verbracht habe, eine schöne gewesen sei. Von Liebe oder Heirat habe Goethe weder ihr noch ihrer Mutter gegenüber gesprochen. Sie schließt ihren Bericht mit dem prosaischen Satz: „Keine Liebschaft war es nicht."[11]

Goethe aber bleibt in schwerem inneren Tumult zurück. Er habe, schreibt er an Ottilie, „das Bittersüße des Kelchs ... bis auf die Neige getrunken." (17./18. 8.) In Marienbad ist ihm nun alles leer und öde. Auch die Musik erträgt er nicht mehr, die, wie er an Zelter schreibt, in diesen Tagen „ungeheure Gewalt" über ihn ausgeübt hatte durch Vermittlung der „unglaublichen Pianospielerin" Marie Szymanowska. Ihr „himmlisches" Spiel habe sein Gemüt „auseinander gefaltet", „wie man eine geballte Faust freundlich flach läßt", hatte „die Gesamtheit eingeschlummerter Erinnerungen in ihm geweckt."[12] Der Szymanowska schreibt er einen Tag nach der Abfahrt der Familie Levetzow das Gedicht ins Album, das später, obwohl als erstes entstanden, den Abschluß der „Trilogie der Leidenschaft" bilden wird. Es trägt den Titel „Aussöhnung"; und seine ersten Zeilen lauten:

> Die Leidenschaft bringt Leiden! – Wer beschwichtigt
> Beklommenes Herz, das allzu viel verloren?

Im Widerstreit der Gefühle, im Kampf zwischen Kopf und Herz bleibt zunächst offen, wohin er selber sich wenden wird, ob zum Mineralien-Freund Grüner nach Eger, oder ob er den Damen nach Karlsbad nachfolgen soll. Und so findet sich denn am Tag nach der Abreise im Fortsetzungsbrief an die Schwiegertochter, deren Widerstand er durch besonderes Vertrauen zu brechen sucht, folgende Stelle: „So gehe ich nun von Marienbad weg ..., nur diese zierliche Tonallmächtige ... noch hier wissend. Alles andere, was mich leben machte, ist geschieden"; und nun der Satz, der offenbar die Keimzelle der „Elegie" bilden wird: „die Hoffnung eines nahen Wiedersehens zweifelhaft". Das Tagebuch vermeldet für diesen letzten Tag in Marienbad einen Arztbesuch, bei dem er offenbar wegen zu hohem Blutandrangs „geschröpft" wird. „Das Vergangene bedacht. Das Nächste überlegt", dann am 20.8.: „Ruhige Nacht, conziliante Träume". Um 3 Uhr nachmittags fährt er ab, ist abends in

---

[11] Goethes Gespräche, a. a. O., S. 548 ff.
[12] An Zelter, 24.8.1823.

Eger, wohl schon entschlossen, „sich von den dortigen Gesteins-Freunden nicht lange halten zu lassen." An Ulrike geht ein Billet voraus, unterschrieben „treulich wie immer, diesmal ungeduldig"[13], dazu der Vierzeiler:

Am heißen Quell verbringst du deine Tage,
Das regt mich auf zu innerem Zwist;
Denn wie ich dich so ganz im Herzen trage,
Begreif ich nicht, wie du woanders bist.

Am 25. bricht er frühmorgens von Eger auf und ist am Nachmittag in Karlsbad, meldet sich bei der Familie und zieht im gleichen Gasthof ein. Die folgenden zehn Tage ist man täglich zusammen und übersteht das Ganze offenbar mit viel Takt und Feingefühl von beiden Seiten. Im Tagebuch finden sich Bemerkungen, die schon fast zurückgewandt oder zusammenfassend klingen: „Blieb mit Frau von Levetzow und Ulriken in vielfachen Erinnerungen", oder auch eine anscheinend sehr realistische Einschätzung Ulrikes als Vorleserin, die auf ihr eher passives Temperament schließen läßt: „Ulrike fuhr fort ... zu lesen, im ganzen natürlich und gut; sie müßte sich zu mehr Energie und Darstellungs-Lebhaftigkeit bequemen."[14] Am Morgen des 5. September reisen die Levetzows als erste ab. Das Tagebuch spricht von einem etwas „tumultuarischen Abschied". Man wird sich nie wiedersehen.

Goethe verläßt Karlsbad am gleichen Morgen und schreibt im Wagen erste, meist noch unzusammenhängende Zeilen nieder. Es entsteht die Elegie. Auf sie bezieht sich die Tagebuch-Eintragung im Hinblick auf die Mittagsrast in Zwotau: „Abschrift eines Gedichtes". Täglich finden sich nun Eintragungen wie: „An dem Gedicht redigiert", „Sonntag das Gedicht fortgesetzt, gleich nach der Ankunft Abschrift der neuesten Strophen". Über die Entstehung der Elegie erschien eine von Jürgen Behrens und Christoph Michel herausgegebene Dokumentation.[15] Sie enthält den Faksimile-Druck von 57 Zeilen, zum Teil zusammenhängend, zum Teil unzusammenhängend, die Goethe in einem Kalender von 1822 im ganz offensichtlich rüttelnden Reisewagen niederge-

---

[13] 21. 8. 1823.

[14] Tagebuch vom 31. 8. und 3. 9. 1823.

[15] Goethe, „Elegie von Marienbad". Urschrift, September 1823, hrsg. v. Jürgen Behrens und Christoph Michel. Mit einem Geleitwort von Arthur Henkel, Frankfurt 1991. Bereits 1983 erschien eine ausführlichere Dokumentation dieses Fundes (auch hrsg. v. Behrens u. Michel), nachdem 1980 dem Freien Deutschen Hochstift aus dem Autographenhandel der Erwerb des „Großherzoglich Weimarischen Schreib-Calender für das Jahr 1822" gelungen war. Dieser enthält Goethes erste Konzepte der „Marienbader Elegie".

schrieben hat. Die Herausgeber weisen überzeugend nach, daß unter den ersten von Goethe festgehaltenen Zeilen diejenigen sind, die am unmittelbarsten den Trennungsschmerz als Kampf zwischen Tod und Leben als eine geradezu körperliche Qual beschreiben[16]. Im fertigen Gedicht erscheinen sie erst gegen Ende, nämlich in der 20. Strophe. Der Kalender enthält also 57 der 138 Zeilen, aus denen am Ende das Gedicht bestehen wird. Beim zweitägigen Aufenthalt in Eger scheint einiges hinzugekommen zu sein; vor dem Eintreffen in Jena am 12. September heißt es dann im Tagebuch: „Das Gedicht abermals unterwegs durchgegangen und Bemerkungen gemacht." Als er fünf Tage darauf in Weimar eintrifft, beginnt er sofort mit der Abschrift des Gedichts, die er zwei Tage darauf vollendet.[17] Es gibt also neben jener Kalender-„Urschrift" die sogenannte „Niederschrift", die auf den Reisestationen entstand, sowie die Weimarer Reinschrift, die Goethe in feinstes Leder band und wie ein Heiligtum hütete. Diese dreistufige Entstehungsgeschichte der Elegie innerhalb von zwölf bis vierzehn Tagen korrigiert also schon die weit verbreitete Vorstellung, das Gedicht sei in all seiner Vollendung innerhalb von kürzester Zeit mit dem ersten Gefühlsschub entstanden. Tatsache ist, daß das Gedicht sowohl ein Produkt der Leidenschaft wie auch zugleich ein Beweis hoher, höchster Künstlerschaft ist. Der Zustand der Leidenschaft, die Qual der von irgendeiner Schicksalsmacht verhängten Trennung von der Geliebten wird beim Lesen unmittelbar und ergreifend deutlich. Andere Stellen sind dunkler, Zeitebenen verschieben sich, zwischen Erinnerung, Hoffnung, Leiden an der Gegenwart wogt das Gedicht hin und her, Reflexionen und Gefühl gehen ineinander über. Im folgenden geht es nicht um eine Deutung aller 23 Strophen. Eher ist es ein Versuch, ein wenig zu erhellen, wie es dem Dichter gelang, aus ganz persönlichem Erleben eines der größten, somit allgemein gültigen Liebesgedichte der Weltliteratur zu machen.

Auffallendes Zeugnis für Gesetzmäßigkeiten der Struktur der Elegie ist ein Vorherrschen der Dreizahl. Bei der sogenannten Niederschrift der Elegie, also der nun vollständigen Zweitfassung auf den Stationen der Reise, vor allem in Jena, hatte Goethe die Strophen 2 bis 21 noch auf fünf Folioblätter mit jeweils vier Strophen verteilt. Die erste Strophe und die beiden letzten standen für

---

[16] Der Mitherausgeber der Kalender-Urschrift, Christoph Michel, faßt seinen Beitrag zur „Geschichte des Textes" folgendermaßen zusammen: „Die frühesten Entwürfe finden sich am Schluß des Kalendariums; hier ist die Auseinandersetzung mit dem Geschehen am unmittelbarsten: die Vision des Wiedersehens (Str. 1), die fassungslos, ja als körperlicher Schmerz erfahrene Härte der Trennung. Hier findet aber auch die Auseinandersetzung um die Form des Gedichts statt, konstituiert sich die Strophenform, wird durch das Ausgrenzen des ‚Dokumentarischen' die Distanz und Perspektive erprobt, durch die die Darstellung des Unaussprechbaren möglich wird" (a. a. O., S. 113).

[17] Vgl. Tagebuch v. 15. – 17. 9. 1823.

sich. In der Weimarer Reinschrift befindet sich das Motto aus dem „Tasso" auf einer Seite für sich, auf der nächsten Seite die erste Strophe für sich, stark abgesondert vom Rest des Gedichts sowohl durch die eigene Seite wie auch durch eine kräftige Querklammer; dann folgen sechs Blätter mit jeweils drei Strophen und am Ende zwei, wiederum durch Querklammer abgesetzt. Daß sich hier in den mittleren 18 Strophen die Dreigliedrigkeit durchsetzt, kommt nicht von ungefähr. Wer sich ein wenig mit Goethe beschäftigt hat, ahnt, daß dies etwas mit seiner Metamorphosen-Lehre zu tun haben muß, der Idee von Polarität und Steigerung. Seit Italien zielen alle seine naturwissenschaftlichen Bemühungen darauf ab, dem chaotischen „Gewimmel" der Erscheinungen bestimmte Gesetzmäßigkeiten abzuringen. So geht es ihm von der Urpflanze über die „Farbentheologie" (A. Schöne) bis hin zur Gesteins- und Witterungslehre immer darum, sich „den ewig Ungenannten" zu enträtseln, „der großen formenden Hand nächste Spuren zu entdecken."[18] Immer wieder gibt er nun diesen von ihm entdeckten oder gesuchten Gesetzmäßigkeiten die Form des Drei-Schritts. Die Urpflanze entwickelt aus dem Keim mit Hilfe antreibender Säfte und des vertikalen Bauprinzips des Stengels die horizontalen, einander polar gegenüberstehenden Blätter, und aus deren Mitte wächst, als Krönung einer dritten, wieder vertikalen Stufe die Blüte. Oder in Goethes Prosa: „Die Pflanze muß von den einfachsten Blättern (Keim) ausgehen, die sich stufenweise vermannigfaltigen ... und indem sie sich vorwärts schieben, immer ausgebildeter, schlanker und leichter werden, bis sie sich im größten Reichtum der Blume (Blüte) versammeln.[19]

Als Versform benutzt Goethe für die Elegie die ursprünglich aus dem Italienischen kommende sechszeilige Stanze, die lt. Wolfgang Kayser bei Goethe immer eine Struktursymbolik enthält, indem sie stets auf etwas „Höheres" deute, etwa die Liebe oder die Poesie.[20] Es ist nun höchst anrührend und bezeichnend zu sehen, wie sich in der Urschrift des Gedichts zwischen all den ein-, zwei- oder vierzeiligen Notaten Goethe sozusagen unter der Hand die sechszeilige Stanze herausbildet, also zwei ab-Paare wie Blätter der Urpflanze in die „Blüte" des cc-Reimpaares einmünden. Und schließlich wurde die Elegie zum Mittelstück einer Trilogie. Für eine Jubiläumsausgabe des „Werther" schrieb Goethe im März 1824 das Gedicht „An Werther". Darüber sagt er am 1.12.31 zu Eckermann: „Da ich aber immer noch einen Rest jener Leidenschaft im Herzen hatte, so gestaltete sich das Gedicht wie von selbst als

---

[18] Aus: Gottfried Benn, Goethe und die Naturwissenschaften, in: Gesammelte Werke in vier Bänden, hrsg. v. Dieter Wellershoff, Bd. I, Wiesbaden 1959, S. 162 f.

[19] HA XI, S. 60; HA XIII, bes. S. 64-168; Zitat S. 106.

[20] Wolfgang Kayser, Goethes Dichtungen in Stanzen, in W. K., Kunst und Spiel, Fünf Goethe-Studien, Göttingen 1961, S. 99; s. auch bei Behrens / Michel 1991, S. 109.

Introduktion zu jener Elegie. So kam es denn, daß alle drei jetzt beisammenstehenden Gedichte von demselben liebesschmerzlichen Gefühle durchdrungen worden und jene ‚Trilogie der Leidenschaft' sich bildete, ich wußte nicht wie."

Wer sich um ein vertieftes Verständnis der Elegie bemüht, muß sich mit der ersten Strophe eingehender befassen. Der überwiegende Teil der bisherigen Literatur über das Gedicht nimmt an, daß die vierzeilige Urform der ersten Strophe am Tag vor dem Wiedersehen in Karlsbad, also am 24. August in Eger, entstanden sei.[21] Allerdings gibt es dafür keinen Anhalt im Tagebuch, im Gegensatz zum Rest des Gedichts. Man stützt sich ausschließlich auf das biographische Wissen und wendet es unmittelbar auf die ersten beiden Zeilen an. Selbst Erich Trunz legt nahe: „Wer die Dichtung bis ins einzelne mit dem Biographischen kombinieren will, kann sagen: ‚Elegie', Strophe 1: Vor der Ankunft in Karlsbad; Strophe 2+3: Aufenthalt in Karlsbad; Strophe 4 ff.: Nach der Abreise von dort". Erich Heller dagegen meint in seinem höchst anregenden Essay, die erste Strophe sei nach der Trennung entstanden und sieht in den ersten beiden Zeilen eine erstaunliche „Vitalität der Imagination" wirksam, „die es über sich bringt, der geschlagenen Seele sogleich nach dem letzten Abschied hoffnungsvoll ein Wiedersehen vorzugaukeln". Beispiele solch extrem entgegengesetzter Auslegung haben mich in der Überzeugung bestärkt, daß das Rekurrieren auf die biographischen Vorgänge dem Verständnis der Elegie gelegentlich eher im Weg steht. Vielmehr suggeriert bereits Goethes betonte Absonderung sowohl der ersten sowie der beiden letzten Strophen nun innerhalb des Gedichtes selber einen Dreischritt, diesmal im Sinne einer dramatischen Entwicklung. Danach könnte man in der ersten Strophe eine Art Exposition sehen, in der zusammenfassend die Töne angeschlagen werden, die im Seelendrama des Mittelteils ausgeführt und in den Schlußstrophen zum tragischen Ende gebracht werden. Aus dieser Sicht lockert sich die bisherige Fixierung auf ein besonderes biographisches Wiedersehen und öffnet sich (übrigens auch grammatisch durch das „vom") ins Allgemeinere der Vorstellung Liebender vom Wiederfinden, Wiedersehen, und der „wiederholten Not" der Trennung, wovon das erste Gedicht der Trilogie spricht. In der ersten Zeile der Elegie wird nicht mehr, wie noch im Brief an die Schwiegertochter, die Möglichkeit eines Wiedersehens selber bezweifelt; vielmehr steht dieses als Faktum selbst fest, der Zweifel richtet sich gänzlich auf die Qualität des Wiedersehens, auf das Schwanken zwischen Hoffnung und

[21] Vgl. die Diskussion bei Behrens / Michel, 1991, S. 109 f.; Erich Heller, Essays über Goethe, Frankfurt/M. 1970, S. 113-161, bes. S. 130; Max Kommerell, Gedanken über Gedichte, Frankfurt /M. 1956, S. 150 f.; Erich Trunz, HA I, S. 585, Emil Staiger, Goethe, Zürich 1959, Bd. 3, S 114 f., Zitat S. 117; James Boyd, Notes to Goethe's Poems, Oxford 1948, Vol. I, S. 248f, etc.

Verzweiflung, ein Dualismus, der in den vier Zeilen der Urschrift noch härter und gedrungener klingt.[22] Er wird durch die spätere zweite Zeile ein wenig gemildert und „gesteigert".

An diesem Punkt möchte ich an einen Satz Goethes erinnern, den er Eckermann gegenüber äußert, als dieser die Elegie zum ersten Mal lesen durfte: „Ich setzte auf die Gegenwart, so wie man eine bedeutende Summe auf eine Karte setzt, und suchte sie ohne Übertreibung so hoch zu steigern als möglich."[23] Die „Karte", auf die gesetzt wird, heißt Gegenwart, Gegenwart des leidenschaftlichen Gefühls. Steigerung ist eines der Schlüsselworte seiner Metamophosenlehre, hier angewendet auf das eigene dichterische Verfahren, in der Elegie selber zum ersten Mal zart angedeutet in dieser zweiten Zeile in dem Wort „Blüte", das – als Synonym für „Krone" oder „Blume"- für Goethe seit Italien sich immer mit der Vorstellung der Metamorphose verbindet. Vier Jahre später erklärt er Eckermann das Baugesetz seiner „Novelle", die mit jener musikalischen Bändigung des Löwen endet, folgendermaßen: „Um für den Gang dieser Novelle ein Gleichnis zu haben, so denken Sie sich aus der Wurzel hervorschießend ein grünes Gewächs, das eine Weile aus einem starken Stengel kräftige grüne Blätter nach den Seiten austreibt und zuletzt mit einer Blume endet."[24] Worte und Bilder aus dem Umkreis von Goethes Vorstellungen von Polarität und Steigerung durchziehen das ganze Gedicht. Bezeichnenderweise finden sie sich vor allem an der Stelle der Strophen, die wie die Blume den Stengel krönt, nämlich in den letzten beiden Reimpaaren. So besonders deutlich in den Zeilen 35 und 36 („Und wölbt sich nicht das überweltlich Große, / Gestaltenreiche, bald Gestaltenlose?") Oder an der gleichen Stelle in der 8. Strophe: „Zu vielen bildet Eine sich hinüber / So tausendfach und immer, immer lieber." In den vielen Superlativen des Gedichts äußert sich Steigerung bis in die Grammatik hinein, so wenn die Geliebte als „Die lieblichste der lieblichsten Gestalten" bezeichnet wird oder in den vielen kosmischen Bildern wie Himmel, Sterne, Sonne oder Äther, die für Goethe seit eh und je höchste Steigerungsmöglichkeiten der Liebe bezeichnet haben.

Es ist erstaunlich, daß es Goethe so oft gelingt, den jeweiligen Reimworten nicht nur den klanglichen, sondern auch einen inhaltlichen Bezug zu geben. So wird in der die zweite Zeile ergänzenden vierten Zeile der innere Ort bezeichnet, wo das Seelendrama sich abspielt, wo all diese Verwandlungen vollzogen werden müssen: „im Gemüte". Dazwischen dann, in der dritten Zeile der ersten Strophe, die Beschwörung des Wiedersehens als höchstes

---

[22] Goethe, Elegie (Behrens / Michel), a. a. O., S. 109.
[23] 16. 11. 1823.
[24] 18. 1. 1827.

Glück oder tiefste Verzweiflung, Paradies oder Hölle.[25] Im letzten Reimpaar, der „Blüte" dieser Strophe, wird der Zweifel im Gemüt des Dichters entschieden zu Gunsten einer paradiesischen Vision: Die Geliebte tritt ans „Himmelstor".

Eine gewisse Schwierigkeit für das Verständnis liegt im scheinbaren Hin und Her der zeitlichen Perspektiven. Das Gedicht schwankt zwischen Vergangenheit und Zukunft, zwischen Erinnertem und Erhofftem und einer intensiven emotionalen Gegenwart hin und her. „Wenn ich Liebe sage, so verstehe ich die wiegende Empfindung, in der unser Herz schwimmt, immer auf einem Fleck sich hin- und herbewegt", so schreibt der 21-jährige Goethe an eine Freundin.[26] Und Eckermann beobachtet: „Das Gedicht wälzte sich stets um seine eigene Achse und schien immer dahin zurückzukehren, woher es ausgegangen."[27] Und doch gibt es ein sprachliches Zeichen, das, außer der Dreistrophigkeit, durch seine Stellung im Gedicht den hin- und herwogenden Gefühls- und

---

[25] Als Reaktion auf die Faksimile-Veröffentlichung von Behrens / Michel (1983) erschien 1986 die hochinteressante erste Publikation von Matthias Mayer, „Dichten zwischen Paradies und Hölle, Anmerkungen zur poetologischen Struktur von Goethes Elegie von Marienbad", wo der Schaffensvorgang als solcher fast ausschließlich im Mittelpunkt steht. Die Hauptthese lautet: „Dichten ist nur möglich in der das Leben bedrohenden Entfernung von der Geliebten, ist eine zweideutige Pandoragabe zwischen Paradies und Hölle." Die in der Elegie am Ende in all ihrer schillernden Vielfältigkeit beschworene Symbolfigur der Pandora wird hier m. E. von Mayer zu einseitig auf den „gabeseligen Mund" des Dichters festgelegt. Dieses Gedicht betone „den tödlichen Charakter der Dichtkunst" als Elegie; es werde damit „zur dichterischen Klage auf die Dichtung". Hier scheint mir die poetologische Beweisführung doch zu weit getrieben. Da die Geliebte meiner Auffassung nach in der Elegie von vornherein als eine ins Paradiesische überhöhte, quasi „himmlische" Gestalt gesehen wird, erscheint die Formulierung „verliehen mir Pandoren" als ambivalente Gabe von Liebesglück und –qual einleuchtend. Gerade in diesen letzten Strophen kommt doch das geradezu kreatürliche Leiden des Dichters an Verlust, Trennungsschmerz und Sehnsucht als emotionaler Untergrund auch in der Wortschicht zum Vorschein („richten mich zugrunde", „grenzenlose Tränen"), so daß die bei Mayer durchgehaltene konsequente Isolierung der Interpretation vom Biographischen zu weniger überzeugenden Resultaten führt. Matthias Mayer, Dichten zwischen Paradies und Hölle, in: Zeitschrift für deutsche Philologie 105 (1986), H. 2, S. 234-256, bes. S. 252. Anders Walter Hinck, „Die Leidenschaft bringt Leiden". Das Pathos der Tragödie, in: Interpretationen. Gedichte von Johann Wolfgang Goethe, hrsg. v. Bernd Witte, Stuttgart 1998 (Reclam), S 231-254: „In der letzten Strophe steigert sich die Verzweiflung zum Äußersten. ... Eben dies bestätigt die mythische Anspielung, das gleichnishafte Bild der Pandora. ... Das Bild vom ‚gabeseligen Munde' umschreibt noch einmal die göttliche Gunst, deren Entzug den Liebenden in tiefste Verlassenheit stößt. In dieser Schlußstrophe sammelt sich eine Verzweiflung, die den Klageton der Elegie sprengt; hier treibt der Schmerz die lyrische Rede ins Pathos der Tragödie" (S. 246).

[26] An Katharina Fabricius, 27. 1. 1770.

[27] 27. 10. 1823.

Bewußtseinsstrom zu ordnen scheint. Ich meine das Zeitadverb „nun", das laut Grimmschem Wörterbuch nicht nur einen Punkt in der Zeit bezeichnet wie z.B. „jetzt", sondern einen Zeitpunkt, der sowohl das Ergebnis vorausgegangener Ereignisse wie auch künftiger ist. Dieses Nun in der ersten Zeile der ersten Strophe scheint Ereignisse vorauszusetzen, die wir dem Gedicht selber nicht entnehmen können, außer wenn wir uns verleiten lassen, sie rein biographisch beizubringen. Im Gedicht verbindet sich das Nun vielmehr mit dem wankelsinnigen Schwanken im Gemüte zwischen Paradies und Hölle, einem Zweifel, der mit einem entschlossenen Sprung dann in der zweiten Strophe zu Gunsten des Paradieses entschieden wird: „So warst du denn im Paradies empfangen ..."

Alles was im Gedicht diesen Glückszustand, den gesteigerten Lebensgenuß in Gegenwart des geliebten Wesens beschreibt, erscheint in der Zeitform der Vergangenheit, so z. B. in der 2. Strophe: „Dir blieb kein Wunsch ... Hier war das Ziel ... ." – In der 3.: „Wie regte nicht der Tag die raschen Flügel... ." Oder in der 9.: „Wie zum Empfang sie an den Pforten weilte ..." usf. Aber alles, was als Gefühl oder Reflexion den leidenschaftlichen Zustand des Ichs nach der Trennung ausspricht, steht im Präsens. Der Übergang geschieht in der 4. Strophe, wo der Augenblick des Abschieds im Gleichnis von der Vertreibung aus dem Paradies dargestellt wird. Die biblische Überhöhung betont die Schicksalhaftigkeit des Abschieds. Dieser seelische Höllensturz wird sprachlich begleitet durch die Wendung ins Präsens wie auch durch eine Ballung des Zeitworts „nun", das hier am Ende der 4. und innerhalb der 5. Strophe viermal auftritt und damit den Schrecken der Trennung dramatisch akzentuiert. Das Nun findet sich noch an zwei weiteren Stellen des Gedichts; so in der 12. Strophe, wo es (noch einmal) die verklärte Erscheinung der Geliebten in die Wüste des Herzens zu beschwören versucht:

> Nun dämmert Hoffnung von bekannter Schwelle,
> Sie selbst erscheint in milder Sonnenhelle.

Und schließlich findet es sich in der 19. Strophe, wo es im „Nun bin ich fern" die Endgültigkeit der Trennung besiegelt. Bei 23 Strophen insgesamt bildet die 12. Strophe genau die Mitte der Elegie; die 5. wie die 19. Strophe befinden sich jeweils im gleichen Abstand vom Anfang bzw. Ende des Gedichts. Diese geheimnisvolle Symmetrie im Auf und Ab der inneren Bewegung dürfte kein Zufall sein.– In einem Aufsatz von 1816 schreibt Goethe: „Alles muß gegliedert sein, und zwar in höherem Sinne. Hierzu wird erfordert, daß es eine Mitte habe, ein Oben und Unten, ein Hüben und Drüben, woraus zuerst Symmetrie entsteht. Je mannigfacher dann aber die Glieder werden, desto angenehmer wird sie sein; und ganz vollkommen, wenn wir an jene ersten Grundlagen dabei nicht mehr denken, sondern als von einem scheinbar Willkürlichen und Zufälligen überrascht werden."[28] Goethe hatte in späteren Jahren die von ihm erarbeiteten Kunstgesetze so verinnerlicht, daß seine Einbildungskraft auch spontan sich immer wieder bestimmter Gestaltungsmuster bediente.

Der Mittelteil der Elegie, zwischen 5. und 19. Strophe, ist dem Versuch gewidmet, den durch die Trennung verursachten Schmerz durch geistig-seelische Vergegenwärtigung dessen zu überwinden, was dem Dichter bisher Sinngebung des Lebens bedeutet hatte: Die Natur, der erfüllte Augenblick, das Frommsein im Anblick des Schönen. Aber das Bemühen, das „Bild der Lieben" in all seinen wechselnden Gestalten ins Herz, ins Gemüt zu beschwören, ihm dort durch die eigene Lebenskraft Dauer zu verleihen, scheitert. Scheitert an der Tatsache, daß die Sehnsucht nach der Gegenwart der Geliebten zu groß ist, daß es für diesen Verlust keinen Trost gibt. Die dadurch ausgelöste Verlorenheit kommt besonders ergreifend zum Ausdruck in der 6. Strophe. Hier wird das Phänomen umkreist, daß sich in einem Menschen, der einen schweren Schicksalsschlag erlitten hat, die Welt verdüstert, die früher empfundene Schönheit der Natur sich in ihr Gegenteil verkehrt. Schon im „Werther" ist dies ganz deutlich: „O! Wenn da diese herrliche Natur so starr vor mir steht ... und der ganze Kerl vor Gottes Angesicht steht wie ein versiegter Brunnen ... wenn der Himmel ehern über ihm ist und um ihn die Erde verdurstet!"[29]

In der 6. Strophe der Elegie wird aber nicht nur eine Stimmung wiedergegeben, hier wird ein ganzes Lebenswerk in Frage gestellt, jener gigantisch angelegte Versuch, in allen Erscheinungen der Natur das e i n e Gesetz zu entdecken: „Enträtselnd sich den ewig Ungenannten", Goethes Versuch eines Gottesbeweises.[30] In jeder Zeile dieser 6. Strophe bietet sich uns die Goethesche Landschaft in ihren Urphänomenen dar: der durch grüne Wiesen sich schlängelnde Fluß, umsäumt von Büschen, Bäumen, Hügeln und Felsen, überwölbt vom wolkendurchzogenen Himmelsbogen. Dies ist die in seinen Zeichnungen, Gedichten und in seiner Prosa immer von neuem ins Typische getriebene Urlandschaft. Im Gegensatz zu fast allen bisherigen Interpretationen sehe ich in dieser Strophe viel weniger ein „Besingen" der vielleicht trotz allem bestehenden Schönheit dieser Welt, sondern in dem insistierenden Zweifel des fünfmal wiederholten „nicht" vor allem die „Ver-nicht-ung" dieser

---

[28] Aus: Kunst und Altertum an Rhein und Main, 1816, HA XII, S. 148.
[29] HA VI, S. 84 f.
[30] Vgl. dazu Albrecht Schöne, Goethes Farbentheologie, München 1987, pass.

Schönheit.[31] Das Herz, dem sich die Gottnatur immer in der Liebe offenbart hatte, alle Erstarrung, allen winterlichen „Selbstsinn“ lösend, wird ohne Liebe wüst und leer. So führt die Anfangsfrage der 6. Strophe: „Ist denn die Welt nicht übrig?“ in unmittelbarem Bogen zur Seelenqual der beiden Schlußstrophen, der Absage an die naturforschenden „Weggenossen“, denen die Welt noch erschlossen, „der Himmel hehr und groß“ ist, und zu dem Aufschrei des letzten Verses: „Mir ist das All, ich bin mir selbst verloren.“

Ich komme nun zum dritten Teil meiner Überlegungen, der jener „Apotheose“ gewidmet ist, die schon das Ende der ersten Strophe beherrscht. Hier war der Zweifel im Hinblick auf das Wiedersehen zugunsten einer paradiesischen Vision entschieden worden. Die Geliebte empfängt den Dichter „am Himmelstor / Zu ihren Armen hebt sie dich empor“. Die Goetheforschung sieht fast ausnahmslos in diesen Zeilen eine metaphorische Umschreibung des Wiedersehens an der Tür des Karlsbader Gasthofs „Zum goldenen Straußen“ am 25. August. Wenn sich gezeigt hat, daß die in der Expositionsstrophe angeschlagenen Motive während des gesamten Gedichts gesteigert wiederkehren, so gilt das für die Bilder der Apotheose in besonderem Maße. Vor dem inneren Auge des Dichters erscheint die Geliebte in „wechselnden Gestalten“, sei es als „Luftgebild“, als „Stern des Himmels“, oder als „aufgehende Sonne“.

In der 7. Strophe verschmilzt die Erinnerung an ihre Gestalt beim Tanz mit ihrer Metamorphose als einer überirdischen Wolkenerscheinung. Goethe war seit seiner Kindheit vom Blick in die Atmosphäre fasziniert. Das Wolkenbild wird zu einem der häufigsten und wichtigsten seiner gesamten Dichtung.[32] Auch die Wolken sind ihm Formen des Göttlichen, das der Mensch in ihnen zu sich heranzieht. In seiner Dichtung verbindet sich dieses Symbol häufig mit dem Bild einer Geliebten, um – gesteigert und „vergeistet“ – im Anschaun des ewig Schönen das Göttliche zu verehren. 1776 sieht er Lilis Bild „um mich in lichten Wolken wehn / im Herzen war mir´s da.“ („An Lili“) 1784 schreibt er an Charlotte von Stein, alles erscheine ihm wie ein „leichter Flor, durch den ich deine Gestalt / Immerfort wie in Wolken erblicke!“ („An Lida“). Systematisch beschäftigt sich Goethe mit der Atmosphäre erst 30 Jahre später. Mit

---

[31] Soweit ich sehe, vertritt bisher nur H. J. Schrimpf diese Lesart der sechsten Strophe: Das Weltbild des späten Goethe, Stuttgart 1956, S. 310.

[32] Dazu: Wilhelm Emrich, Die Symbolik von Faust II, Bonn 1957, bes. S. 54 f.; Werner Keller, Die antwortenden Gegenbilder. Eine Studie zu Goethes Wolkendichtung, in: Jahrbuch des Freien Deutschen Hochstifts, 1968, S. 191-236; Albrecht Schöne, Über Goethes Wolkenlehre, in: Der Berliner Germanistentag 1968. Vorträge und Berichte. Hrsg. v. Karl-Heinz Borck und Rudolf Henss, Heidelberg 1970, S. 24-41. Schönes naturwissenschaftliche Einblicke wirken sich aufschlußreich auf die Deutung von Goethes „Wolkenlehre“ (=Metamorphosenlehre) aus.

Begeisterung greift er die Lehre, die Wolken-Terminologie des englischen Wetterforschers Luke Howard auf und beantwortet sie mit eigenen Gedichten und Aufsätzen. Hier bietet sich die Möglichkeit, eine gewisse Ordnung in das bisher Zufällige bringen zu können, die „meiner Neigung und Lebensweise angemessen“[33] war. Ausdehnen und Zusammenziehen, Polarität und Steigerung sieht er auch in diesem Medium am Werk. Es fällt auf, wie stark emotional geprägt Goethes Sprache in den Marienbader Wetterbeschreibungen des Jahres 1823 ist. Geradezu zärtlich wird sie, wenn er von den Cirrus-Wölkchen spricht: „Es standen abermals die schönsten und niedlichsten Cirrus in der höchsten Region“[34]. Im Gedicht „Howards Ehrengedächtnis“ lautet die Cirrus-Strophe:

Doch immer höher steigt der edle Drang!
Erlösung ist ein himmlisch leichter Zwang.
Ein Aufgehäuftes, flockig löst sich´s auf,
So fließt zuletzt, was unten leicht entstand,
Dem Vater oben still in Schoß und Hand.

Dieser zutiefst Goethesche Vers, wo das Angeschaute sich zur Idee steigert, steht in unmittelbarer Nähe zu den Strophen der Elegie, die die Geliebte gleichnishaft in „selige Höhen“ versetzen, so in Strophe 7:

Wie leicht und zierlich, klar und zart gewoben,
Schwebt, seraphgleich, aus ernster Wolken Chor,
Als glich es ihr, am blauen Äther droben
Ein schlank Gebild aus lichtem Duft empor;
So sahst du sie in frohem Tanze walten,
Die lieblichste der lieblichsten Gestalten.

Von hier aus ist es wiederum nur ein Schritt zu dem wenige Jahre später entstandenen Schlußteil von Faust II, der Szene „Bergschluchten“. Die Helena-Dichtung der ersten drei Akte kommt zu Beginn des vierten Aktes zum Abschluß, wo eine Wolke heranschwebt, die Faust an Helena erinnert. Von dieser Wolke löst sich ein „zarter lichter Nebelstreif“, der hoch und höher aufsteigt und in Faust Gedanken an „längstentbehrtes, höchstes Gut“, an Gretchen nämlich, heraufbeschwört.

---

[33] „Wolkengestalt nach Howard“, Vorwort, WA II, 12, S. 7.

[34] Aus „Beobachtung und Beschreibung der atmosphärischen Phänomene vom 26. Juni bis den 18. Sept. 1823“, Werke, Propyläen Ausgabe, Bd. 36, hrsg. v. Ernst Noch, München 1909, S. 306 ff.

Wie Seelenschönheit steigert sich die holde Form
Löst sich nicht auf, erhebt sich in den Äther hin
Und zieht das beste meines Innern mit sich fort.[35]

Dieses Bild leitet als zarte strukturelle Klammer hinüber zu „Bergschluchten". Allen schuldhaften Verstrickungen zum Trotz wird Fausts Unsterbliches von allerlei symbolischen Figuren durch die untere und mittlere Region der Erlösung von oben entgegengetragen, und zwar nicht nur, weil er „immer strebend sich bemüht", sondern weil die „selige Schar" spürt, daß „ein Liebender" zugegen sei.[36]

Am 8. September 1823, also mitten in der Niederschrift der Elegie, hatte Goethe einem Freund geschrieben: „Nach dem Texte der Heiligen Schrift muß mir viel verziehen werden, denn ich habe viel geliebt."[37] Fausts Entelechie wird in der höchsten Region begleitet von jenem „leichten Wölkchen", in das sich die „Seelenschönheit", „sonst Gretchen" genannt, verwandelt hatte. Zu ihr sagt die Mater gloriosa: „Wenn er dich ahnet, folgt er nach"[38]. So wird am Ende Fausts Entelechie im Schutz des Ewig-Weiblichen des „ewigen Liebens Offenbarung" teilhaftig – im Gleichnis der Dichtung, nicht der Theologie.

In der Kette dieses Erlebten oder Erdichteten, das in Gestalt transparenter Erscheinungen einen sehr Goetheschen Himmel bevölkert, habe ich ein, wie mir scheint, für die Elegie besonders aufschlußreiches Glied noch nicht berücksichtigt: Das „Buch des Paradieses" aus dem „West-östlichen Divan". Der „Divan" entstand im Wesentlichen zwischen 1814 und 1819. Erst im Frühjahr 1820 schreibt Goethe, gefördert durch die „freie Gemütlichkeit einer Reise" nach Böhmen, einen Nachtrag, nämlich fünf weitere Gedichte für das Buch des Paradieses. In Goethes eigenen Worten enthält dieses „sowohl die Sonderbarkeiten des mahometanischen Paradieses als auch die höheren Züge gläubigen Frommsinns, ... den fröhlichen Umtausch irdischer Glückseligkeit mit der himmlischen."[39] Dieser Umtausch wird vollzogen im ersten der Gedichte mit dem Titel „Vorschmack". Hier entsendet Allah den irdischen Zweiflern an seinem Paradies

[35] V. 10 059; 10 064 / 6.
[36] V. 11902.
[37] An C. L. F. Schultz, 8. 9. 1823.
[38] V. 12095.
[39] HA II, S. 270. Dazu Tagebuch v. 23. bzw. 24. 4. 1820, WA III, 7, S. 163.

Ein Jugendmuster alles zu verjüngen;
Sie schwebt heran und fesselt ohne Säumen
Um meinen Hals die allerliebsten Schlingen.

Auf meinem Schoß, an meinem Herzen halt´ ich
Das Himmelswesen, mag nichts weiter wissen;
Und glaube nun ans Paradies gewaltig,
Denn ewig möcht ich sie so treulich küssen.

Umgekehrt vollzieht sich im Gedicht „Einlaß“, am gleichen Tage entstanden, ein anderer irdischer Wunschtraum: Der verklärte Dichter erlebt die „Summe des irdisch Wünschbaren“, wenn er am Paradiesestor von einer ewig jungen, ewig reinen Huri empfangen wird, die, um das Glück voll zu machen, der irdischen Geliebten zum Verwechseln ähnlich ist. Die Huri spricht:

„Heute steh´ ich meine Wache
Vor des Paradieses Tor,
Weiß nicht grade, wie ich´s mache,
Kommst mir so verdächtig vor.“

Ihrem Zweifel, ob sie ihn einlassen dürfe, hält er entgegen:

„Nein, du wählst nicht den Geringern;
Gib die Hand! Daß Tag für Tag
Ich an deinen zarten Fingern
Ewigkeiten zählen mag.“

In den heiter-ernsten Spielen des „Divan“ sind Herz, Schoß, Kuß also geradezu eine Voraussetzung, um „gewaltig“ ans Paradies glauben zu können.

Daß hier – trotz der verschiedenen Stimmung – zwischen Divan-Paradies und Elegie ein enger Zusammenhang besteht, zeigt vor allem die auffallend ähnliche Bildvorstellung von einer Geliebten am Himmelstor, die dem Dichter die Hand, den Arm reicht[40]. Die Berechtigung, diese Dinge zusammen zu se-

[40] Erich Heller, a. a. O., S. 147, erinnert hier an Dantes Beatrice. Hannelore Schlaffer dagegen ist der Ansicht, daß Goethe in mehreren seiner späten Werke die Parodie benutzt, um einige seiner Hauptfiguren im Paradies enden zu lassen. „Die Parodie entsteht bei ihm aus einer Notlage und ist geboren aus der Erfahrung, daß die Sprache des Dichters an den Tod nicht heran- und noch weniger über ihn hinaus reicht“ (S. 107). Der „Divan“, die

hen, wird erhärtet durch ein Gespräch des Kanzlers v. Müller mit Goethe kurz nach dessen Rückkehr aus Marienbad: „Zuletzt holte er seine Divan-Manuskripte und las uns zwei herrliche Gedichte zur Ergänzung des Paradieses vor (darunter ‚Einlaß‘). Wir waren innig gerührt von der Wärme seines Vortrags.“[41] Zwei Monate darauf vermerkt Goethe im Tagebuch nach einem der intensiven Gespräche mit Humboldt über die Elegie: „Herr von Humboldt las das neue Buch des Paradieses.“ Kurz darauf, nachdem auch Eckermann die Elegie gelesen hatte: „Ich gab ihm den Divan mit.“ Dies ist bemerkenswert, denn Buchausleihen notiert Goethe nur bei besonderer Wichtigkeit: Die betreffenden Divangedichte waren aber nicht etwa neu, sondern dreieinhalb Jahre zuvor entstanden; sie mußten ihm also jetzt von neuem wichtig geworden sein.[42]

Ich nehme an, daß Goethe sich nach jeder großen Trennung in dem schmerzlichen Ringen um Fassung geradezu klammerte an die Vorstellung eines Wiedersehens, wo und wie auch immer. Dies geschieht unter dem überwältigenden seelischen Zwang, die Schrecken der Endgültigkeit durch eine auch noch so irrationale Hoffnung zu mildern. Die Trennung von Ulrike traf Goethe so schwer, weil sie sein endgültiger Abschied von der Liebe war, und er wußte es.[43] Im Gedicht bildet die eine Geliebte „zu Vielen ... sich hinüber“: sie ist „die lieblichste der lieblichsten Gestalten“, und in der 11. Strophe faßt wiederum die Blüte des Verses ins Allgemeine zusammen:

> Wenn Liebe je den Liebenden begeistet,
> Ward es an mir aufs lieblichste geleistet;

„Wahlverwandtschaften“, die „Novelle“, „Faust II“ enden allesamt im Paradies oder in paradiesischen Zuständen; durch Schuld oder Zufall getrennte Liebende sind wieder vereint. Die „Marienbader Elegie“ wird von Schlaffer ausgespart, doch gehört sie m. E. durchaus in diese Reihe, allerdings nicht als Parodie. Ich vermute hier eher eine Wunschvorstellung Goethes am Werke, mal, wie im Divan, mit heiterer Selbstironie, dann wieder, wie in der Elegie, als seine letzte Hoffnung auf Erlösung vom Verlustschmerz vorgetragen. Hannelore Schlaffer, Paradies und Parodie. Die letzten Szenen in Goethes letzten Werken, in: Interpreting Goethe´s Faust Today, ed. by J. K. Brown, M. Lee and Th. P. Saine, Columbia S. C., USA 1994 (Camden House).

[41] Kanzler v. Müller am 26. 9. 1823, in: Goethes Gespräche, a. a. O., S. 591.

[42] Vgl. Tagebuch v. 18.11.1823 und 12. 12. 1823.

[43] Dazu Lieselotte Blumenthals feinfühlige Beobachtungen in Goethes Gedicht „Der Bräutigam“, Goethe-Jahrbuch Bd. 14/15, 1952/53, S. 108-135, bes. S. 125 f.: „Ihm hatte sich der Abgrund der Qual aufgetan, und ein ganzes Leben fruchtbarsten Wirkens schien sinnlos zu werden, weil der endgültige Verzicht auf die Liebe verlangt wurde.“ Diese Gedanken spricht auch Kommerell deutlich aus: „Warum ist dieser Schmerz so furchtbar wie kein früherer? Das Gedicht ist Goethes Abschied von der Liebe – und vom Leben und von sich selbst, sofern dies Leben und dies Ich Liebe sind.“ (A. a. O., S. 159).

Noch einmal zur ersten Strophe: Ich glaube, man tut dem Gedicht keinerlei Schaden, wenn man die ersten beiden Zeilen mit ihren Zeitbestimmungen und dem Wort „Wiedersehen“ ganz offen läßt. Meinem Gefühl und meiner Einsicht nach verbinden sie sich sowohl mit dem Hier wie mit dem Dort, „zwischen zwei Welten schwebend“, während die als Lichtgestalt ans Himmelstor tretende Geliebte sich im Kontext von Goethes Werk, vor allem dem Spätwerk zwischen „Divan“ und Faust II, unendlich weit von irgendwelchen Karlsbader Lokalitäten entfernt zu haben scheint.

Zum Abschluß noch ein Blick auf Biographisches. Bei der Rückkehr nach Weimar reagierte Goethe mit „krankhafter Reizbarkeit“ auf die gewohnte, allzu gewohnte Umgebung. Er fürchtete sich vor der Öde des endgültig eintretenden Alters. Anfang November erfolgt der körperliche Zusammenbruch. Er klagt über Schmerzen in der Herzgegend. Zelter eilt herbei und beschreibt später seine Ankunft am Frauenplan so: „Was finde ich? Einen, der aussieht, als hätte er Liebe, die ganze Liebe mit aller Qual der Jugend im Leibe ... kein Mittel soll helfen; die Pein allein soll Stärkung und Mittel sein.“[44] Das Mittel ist das vertraute Gespräch zwischen den Freunden über das Erlebte, ist das Lesen und immer wieder Vorlesen des eigenen Gedichts, der Elegie, sodaß am Ende die „Pein“ selber, zum Kunstwerk objektiviert, die Überwindung hervorbringt.

Ein Jahr später, Ende Oktober 1824, kann Goethe an Zelter schreiben: „Wenn das, was Du vor einem Jahr als den Grund meiner Krankheit erkanntest, nun, wie es den Anschein hat, sich als das Element meines Wohlbefindens manifestieren wird, so geht alles gut, und Du hörst von Zeit zu Zeit erquickliche Nachricht.“

[44] Zelter an Goethe, 27. 12. 1823.

IV

Der enge Durchgang

Sprachbilder von Geburt, Tod und Erneuerung im Faust

Es gibt in Goethes Werk ein häufig wiederkehrendes Sprachbild, das trotz der mehr als neuntausend Veröffentlichungen über den „Faust" von der Forschung bisher nicht gesehen wurde. Das Bild ist Teil einer „weiblichen" Symbolik, die hier zunächst in bestimmten Szenen des „Faust" aufgezeigt, dann durch einen Blick auf die Metamorphose der Pflanzen gestützt und schließlich im „Faust II" verfolgt werden soll[1], insbesondere im Homunculus-Akt und in der Schlußszene „Bergschluchten". Am Ende dieser Untersuchung könnte vielleicht auch das vielberufene Ewig-Weibliche um einen Blickwinkel erweitert sein. Zur Ermutigung auf diesem Weg sei an Goethes Aufmunterung an die Leser seiner späteren Werke erinnert: „Ei! so habt denn doch endlich einmal die Courage, euch den Eindrücken hinzugeben, euch ergötzen zu lassen, euch rühren zu lassen ... Aber denkt nur nicht immer, es wäre alles eitel, wenn es nicht irgend abstrakter Gedanke und Idee wäre!"[2] In „Dichtung und Wahrheit" nennt er als eine der wichtigsten Gaben seiner Natur „das Bedürfnis, mich figürlich und gleichnisweise auszudrücken."[3] Er wünschte, daß „ein sinniger Leser sich in den Bildern bespiegeln und die mannichfaltigsten Resultate bei wachsender Erfahrung selbst herausfinden möge."[4]

An der Wende zum neuen Jahrhundert fragt man sich wohl: Wohin geht die Entwicklung des Menschen angesichts so vieler Gefährdungen von innen und außen? Sei es etwa die Verkümmerung von Herz und Seele zu Gunsten von Kopf und Körper, sei es schrankenloser Egoismus statt mitdenkenden Gemeinsinns, sei es die Zerstörung der Umwelt oder eine zunehmende Roboterisierung, auch im menschlichen Bereich. Um 1800 stellten sich nachdenkliche Menschen

---

[1] Über die Gefahren solcher Beschränkung auf eine Bildgruppe vgl. Werner Keller, Goethes dichterische Bildlichkeit, München 1972, S. 11.

[2] Zu Eckermann, 6. Mai 1827.

[3] 2. Teil, 10. Buch, HA IX, S. 448.

[4] An Nicolaus Borchardt, 1. Mai 1828. Vgl. auch Keller, a. a. O., Einleitung, S. 9ff. und Wilhelm Emrich, Die Symbolik von Faust II, Bonn 1957, bes. S. 12-15.

ähnliche Fragen, natürlich in anderen Größenordnungen, aber qualitativ gar nicht so verschieden. Man sah sich einer Welt in großen Umbrüchen gegenüber. Nach dem Verlust früherer Gottesgewißheit am Ende einer Epoche der Aufklärung war der Glaube nun zu einer Entscheidung des Individuums geworden. Die Entfremdung des Menschen von seinen Ursprüngen, von der Natur, drang immer stärker ins Bewußtsein.[5] Die beginnende Industrialisierung wurde als Not-

---

[5] Schiller sieht den Anfang der modernen „Zerstückelung" bereits am Ende des Hellenismus. In seinen „Briefen über die ästhetische Erziehung des Menschen" schreibt er: „Auseinander gerissen wurde jetzt der Staat und die Kirche, die Gesetze und die Sitten; der Genuß wurde von der Arbeit, das Mittel vom Zweck, die Anstrengung von der Belohnung geschieden. Ewig nur an ein einzelnes kleines Bruchstück des Ganzen gefesselt, bildet sich der Mensch nur als Bruchstück aus ... Aber selbst der karge fragmentarische Anteil, der die einzelnen Glieder (der Gesellschaft) noch an das Ganze knüpft, ... wird ihnen mit skrupulöser Strenge durch ein Formular vorgeschrieben (Regelwerk), in welchem man ihre freie Einsicht gebunden hält." „Wir wissen, dass die Sensibilität des Gemüts ihrem Grade nach von der Lebhaftigkeit, ihrem Umfange nach von dem Reichtum der Einbildungskraft abhängt. ... Der abstrakte Denker hat daher oft ein kaltes Herz, weil er die Eindrücke zergliedert, die doch nur als ein Ganzes die Seele rühren." Um diese Ganzheit im Geiste zu erreichen, setzt Schiller an dieser Stelle eben seine ganze Hoffnung auf die Kunst und den „modernen" Künstler. „Er aber strebe, aus dem Bunde des Möglichen mit dem Notwendigen das Ideal (heute: Utopie) zu erzeugen. Dieses präge er aus in Täuschung (künstlerischer Schein) und Wahrheit, präge es in die Spiele seiner Einbildungskraft und in den Ernst seiner Taten, präge es aus in allen sinnlichen und geistigen Formen und werfe es schweigend in die unendliche Zeit." (9. Brief). Die Fähigkeit zum (zwecklosen) „Spiel" und zum künstlerischen Schein (Fiktion) ist für Schiller das eigentliche Charakteristikum des Menschen, wodurch sich dieser vom Tier unterscheide (15. Brief). Zu dieser Möglichkeit einer „freien Form" muß die Einbildungskraft „den Sprung zum ästhetischen Spiele" vollziehen. „Denn hier zum ersten Mal (in der Geschichte der Menschheit) mischt sich der gesetzgebende Geist in die Handlungen eines blinden Instinktes, unterwirft das willkürliche Verfahren der Einbildungskraft seiner unveränderlichen ewigen Einheit, ... legt seine Unendlichkeit in das Sinnliche (in die Bilder)." So baut „der ästhetische Bildungstrieb unvermerkt an einem dritten fröhlichen Reiche des Spiels und des Scheins, worin er dem Menschen die Fesseln aller Verhältnisse abnimmt und ihn von allem, was Zwang heißt, sowohl im Physischen wie im Moralischen entbindet. ... Freiheit zu geben durch Freiheit ist das Grundgesetz dieses Reichs." Fast schon mit Goethescher Skepsis steht am Ende dieser Briefe der Absatz: „Existiert aber auch ein solcher Staat des schönen Scheins? ... Dem Bedürfnis nach existiert er in jeder feingestimmten Seele; der Tat nach möchte man ihn wohl nur, wie die reine Kirche und die reine Republik, in einigen wenigen erlesenen Zirkeln finden, wo nicht die geistlose Nachahmung fremder Sitten, sondern eigene schöne Natur das Betragen lenkt, wo der Mensch durch die verwickeltsten Verhältnisse kühler Einfalt und ruhiger Unschuld geht und weder nötig hat, fremde Freiheit zu kränken, um die seinige zu behaupten, noch seine Würde wegzuwerfen, um Anmut zu zeigen" (27. Brief). Daß der moderne Leser, bei aller Zustimmung, diese Gedanken vielleicht mit Vorbehalten betrachten muß, liegt wohl in erster Linie an der heutigen, im 19. und 20. Jahrhundert gewonnenen Einsicht, daß der

wendigkeit und Hoffnung einer künftigen Massengesellschaft zwar begrüßt, zugleich aber wurden gefährliche Konsequenzen des „Maschinenwesens“ geahnt und gefürchtet. Als für die menschliche Entwicklung bedrohlich empfand man nicht nur die Auswüchse technischer oder kriegerischer Entwicklungen, sondern ebenso die einseitige Betonung des Verstandes.[6] Im „West-östlichen Divan“ wird Goethe vor dem Verlust des Wahrnehmungsvermögens warnen, einer Desensibilisierung der Sinne, einer „Besudelung“ der Elemente.[7]

Als Goethe und Schiller 1795 ihre Freundschaft begründeten, hatten sie sich in ihrem Denken in vieler Hinsicht einander angenähert. Jeder war auf seine Weise bei dem Versuch gescheitert, sich praktisch oder schriftlich in die Politik einzuschalten.[8] Beide hatten hochfliegende Pläne für eine allgemeine Erziehung weiter Schichten als Voraussetzung für politische Verantwortung zunächst begraben, zu Gunsten der bescheideneren Hoffnung, empfängliche Menschen auch in kleineren Kreisen zu sammeln, sie durch die Künste zu rühren, zu sensibilisieren, die Geistes- und Gemütskräfte durch Phantasie zu stärken und damit einen Beitrag zu leisten zu einer sich von innen erneuernden Gesellschaft.[9] Bei dieser Aufgabe nahm für sie das Theater mit seiner Breitenwirkung und seiner Fähigkeit zur Belebung aller Sinne eine hervorragende Stellung ein. Daher auch die jeweiligen Vorreden, Vorspiele, Prologe zu dem Zweck, dem Zuschauer das Bewußtsein zu schärfen für den Kunstcharakter des Dargebotenen, die Freude am Spiel der poetischen Einbildungskraft. Schon 1783 hatte Schiller seinem

---

„Wille“ des Menschen von vielfältigen Bedingungen abhängig ist, wogegen Schiller ihn als „frei“ voraussetzte.

[6] Hierzu Albrecht Schöne, Johann Wolfgang Goethe: Der letzte Brief. In: Querlektüren. Weltliteratur zwischen den Disziplinen. Hrsg. v. Wilfried Barner, Göttingen 1997, S. 106-123.

[7] Noten und Abhandlungen zum West-östlichen Divan, HA II, S. 136 u. passim.

[8] 1795 denkt Schiller über revolutionäre Bewegungen wie die gerade vergangene folgendermaßen: „Wie Viele gibt es nicht, die selbst vor einem Verbrechen nicht erschrecken, wenn ein löblicher Zweck damit zu erreichen steht, die ein Ideal politischer Glückseligkeit durch alle Gräuel der Anarchie verfolgen, Gesetze in den Staub treten, um für bessere Platz zu machen, und kein Bedenken tragen, die gegenwärtige Generation dem Elende preiszugeben, um das Glück der nächstfolgenden dadurch zu befestigen!“ aus: Über die notwendigen Grenzen zum Gebrauch schöner Formen. Erschienen in den Horen, 1795.

[9] Friedrich Schiller, Briefe über die ästhetische Erziehung des Menschen, 27. Brief. Adolf Muschg hebt die Fruchtbarkeit des Schiller-Goetheschen poetologischen Ansatzes für den heutigen Menschen hervor. Er ist der Ansicht, es gehe damals wie heute um „Zellenbildung der erfindungs- und phantasiefähigen Menschen gegen die drohende Unmenschlichkeit der Strukturen. ... Größer als die Gewalt ist allemal die Kunst der Phantasie: sie verbindet Liebende nicht nur, sie macht Liebende. Sie bleiben liebesfähig durch die Lust zum Spiel. Die Poesie ist der Code, der das Mögliche bewahrt.“ In: Goethe als Emigrant. Auf der Suche nach dem Grünen bei einem alten Dichter. Frankfurt/M. 1986, S. 101 und S. 98.

„Fiesco“ ein Beiblatt als „Erinnerung an das Publikum“ mitgegeben, wo es heißt: „Heilig und feierlich war immer ... der große Augenblick im Schauspielhaus, wo die Herzen so vieler Hunderter ... nach der Phantasie eines Dichters beben – wo herausgerissen aus allen Masken und Winkeln der *natürliche Mensch* mit offenen Sinnen horcht – wo ich des Zuschauers Seele am Zügel führe, und nach meinem Gefallen einen Ball gleich dem Himmel und der Hölle zuwerfen kann.“[10]

Goethes „Vorspiel auf dem Theater“ ist, gleich ob es 1797 im Zusammenhang mit der „Zueignung“ oder erst im Sommer 1798 entstand[11], durch die Zusammenarbeit mit Schiller geprägt. Dieser hatte nach der Lektüre der Faust-Fragmente für „eine so hoch aufquellende Masse“ einen „poetischen Reif, der sie zusammenhält“, gefordert.[12] Tatsächlich bilden dann ja die drei prologartig dem eigentlichen Drama vorangestellten Dichtungen zusammen mit der erst 1830 entstandenen Schlußszene „Bergschluchten“ den Rahmen für die Tragödie vom Doktor Faust.[13]

---

[10] Sämtliche Werke, München 1958, Bd. I, S. 754.

[11] Zur Entstehungszeit des Vorspiels auf dem Theater gibt es keine genauen Anhaltspunkte. Nachdem man sich lange Zeit darauf geeinigt hatte, daß es wohl in den gleichen Tagen wie die „Zueignung“, also Ende Juni 1797 entstanden sei, brachte Oskar Seidlin (Ist das „Vorspiel auf dem Theater“ ein Vorspiel zum „Faust“? in: O. S., Von Goethe zu Thomas Mann, Göttingen 1963, S. 56 - 64) die Diskussion erneut in Bewegung. Er versuchte zu beweisen, daß das „Vorspiel“ bereits 1795 entstand, und zwar als Vorspiel zu Goethes nur in Bruchstücken niedergeschriebenem Opernlibretto „Der Zauberflöte zweiter Teil“, wofür er besonders die Verse 233 - 238 und V. 242 heranzog. Seine These setzte sich nicht durch. Aber auch Emil Staiger hatte in seinem „Goethe“, Bd. 2, S. 324, Zürich 1956, schon behauptet: „ ... so wie das ganze Vorspiel sich in allgemeinen Bahnen bewegt ... Es würde sich für jedes farbenreiche Bühnenkunstwerk eignen. Doch nur als Eingangstor zum ‚Faust’ gerät es in das Lichterspiel ironischer, wehmütiger und heiterer Bedeutsamkeit, das Goethe seinem Unternehmen voranzuschicken für richtig hielt.“ Jost Schillemeit (Das „Vorspiel auf dem Theater“ zu Goethes „Faust“, Entstehungszusammenhang und Folgerungen für sein Verständnis. In: Euphorion, 80 (1986), S. 149 - 166) vertritt dagegen die These, das Vorspiel sei erst im Spätsommer 1798 entstanden, und zwar habe es bei der Wiedereröffnung des Weimarer Theaters für sich allein aufgeführt werden sollen. Diesen Entstehungstermin hält auch Momme Mommsen durch Sprachvergleiche mit anderen Goethe-Texten aus dieser Zeit für wahrscheinlich. In: Momme Mommsen, Zur Entstehung und Datierung einiger Faust-Szenen um 1800, Euphorion 47 (1953), S. 295-330. Albrecht Schöne faßt in seiner Ausgabe die Diskussion zusammen und betont seinerseits noch einmal die Scheinhaftigkeit des Theaters auf dem Theater, die Goethe und Schiller gegen Ende des Jahrhunderts auch in anderen Werken betont herausgestellt sehen wollten: Goethe, Faust, hrsg. v. Albrecht Schöne, Bd. 7/2, Frankfurt/M. 1994, S. 155 ff.

[12] Briefwechsel von Goethe und Schiller zwischen 22. und 26. Juni 1797.

[13] Zur „Rahmen“-Diskussion s. auch Helmut Schanze, Szenen, Schema, Schwamm-Familie. Goethes Arbeitsweise und die Frage der Struktureinheit von Faust I und II, in: Euphorion

Der Ruf nach Aktivierung und Erneuerung der schöpferischen Kräfte durchzieht das ganze Vorspiel, je nach dem Blickwinkel der Figuren lyrisch-elegisch, heiter-parodistisch oder praktisch-geschäftstüchtig. In der ersten Rede des Direktors über sein Publikum heißt es:

> Zwar sind sie an das Beste nicht gewöhnt,
> Allein sie haben schrecklich viel gelesen.
> Wie machen wir's, dass alles frisch und neu
> Und mit Bedeutung auch gefällig sei?
> Denn freilich mag ich gern die Menge sehen,
> Wenn sich der Strom nach unserer Bude drängt,
> Und mit gewaltig wiederholten Wehen
> Sich durch die enge Gnadenpforte zwängt,
> Bei hellem Tage, schon vor Vieren,
> Mit Stößen sich bis an die Kasse ficht
> Und, wie in Hungersnot um Brot an Bäckertüren,
> Um ein Billet sich fast die Hälse bricht.
> Dies Wunder wirkt auf so verschiedne Leute
> Der Dichter nur; mein Freund, o! tu'es heute! (V. 45-58)

Wenn hier eine von viel, aber schlechter Lektüre übersättigte „Menge" sich beim Ringen um eine Theaterkarte „fast die Hälse bricht", um des „Wunders" der inneren Erneuerung durch eine Theateraufführung teilhaft zu werden, dann scheint auch im parodistischen Gewand mit wenigen Akzenten die gesellschaftliche Situation angedeutet, um deren geistige Belebung die Weimarer Freunde sich bemühten. Daß Goethe in V. 49 bis 52 die Beschreibung des Gedränges an der Kasse als Geburtsmetaphorik vorträgt, wurde zum ersten Mal 1969 von Alwin Binder bemerkt, allerdings nur beiläufig.[14] Die meisten Faust-Kommentare übergehen die Stelle völlig oder sehen in ihr nur eine Parodie des Sprachgebrauchs von der „engen Pforte" zum Himmelreich im Matthäus- und Lukas-Evangelium.[15] Erst (und bisher nur) Michael Neumann macht 1985 in

---

78 (1984), S. 383-400. Schanze zeigt, wie Goethe sich, zwischen antiker Überlieferung und Moderne stehend, die Memorialtopik der Überlieferung in ihrer Vielfalt bewegter oder statischer Bilder zunutze gemacht hat, ebenso wie strukturelle Anlehnungen und Entlehnungen aus mittelalterlichen Bilddarstellungen. Auch weist er einleuchtend auf vielfältige Übereinstimmungen im Wortschatz der „Zueignung" mit der Schlußszene „Bergschluchten" hin.

[14] Alwin Binder, Das Vorspiel auf dem Theater. Poetologische und geschichtsphilosophische Aspekte in Goethes Faust-Vorspiel, Bonn 1969, S. 180.

[15] So Albrecht Schöne, a. a. O., S. 158 und Victor Lange, Faust I, MA, München 1986, Bd. 6.1, S. 995.

seiner gründlichen Abhandlung über das Ewig-Weibliche diese Stelle zu einem der Ansatzpunkte seiner Interpretation und erkennt ihre Wichtigkeit für den ganzen Faust. Er schreibt: „Die Menschenmenge, die schon Stunden vor Beginn der Vorstellung sich um den Einlaß gesammelt, drängt sich nun in ‚gewaltig wiederholten Wehen‘ durch die enge Pforte des Theaters wie das Kind durch die Enge des gebärenden Mutterschoßes.“ Das Wort „Gnadenpforte“ füge der Geburtsmetaphorik eine weitere Bedeutungsebene hinzu: „Das Theater wird zu einem Initiations-Ort, an dem eine Art Wiedergeburt stattfindet.“ Auch für die Tatsache, daß diese Stelle von der Forschung kaum beachtet wurde, findet Neumann eine einleuchtende Erklärung in ihrer parodistischen Behandlung, welche die ernsteren Implikationen verdeckt habe. „Die Gnadenpforte wird zur Kasse materialisiert; die Wehen wandeln sich in Stöße, was, da die Vorstellung des weiblichen Schoßes nun einmal gegeben ist, noch andere Assoziationen als das Gebären nahelegt. Die parodistische Gestalt hat lange über diese Bildkonstellationen Pforte, Schoß und Wiedergeburt hinweglesen lassen; tatsächlich erscheint hier jedoch ... zum ersten Mal eine für den gesamten ‚Faust‘ höchst bedeutsame Metaphorik.“[16]

Anknüpfend an diese schlüssige Interpretation möchte ich noch einen Schritt weiter gehen und behaupten, daß Goethe an vielen Stellen des Faust I und II - über die Nennung des Wortes „Schoß“ hinaus – Gebärmuttern in Form von Sprachbildern, Umrissen oder Sprachbewegungen seinem Text eingeprägt hat. Dies wird im Folgenden zu zeigen sein.

Die Geburtsmetapher wird im Vorspiel noch mehrfach variiert, so in den ersten Versen des lyrisch-elegischen „Dichters“. Wenn dieser sich nach der „stillen Himmelsenge“ sehnt, wo, von Liebe und Freundschaft gepflegt, „dem Dichter reine Freude blüht“, so spricht er von der dem Künstler notwendigen Einsamkeit und Abgeschlossenheit als notwendiger Voraussetzung für die *Geburt* eines Kunstwerks, weil nur in ihr mit Hilfe der Götter Poetisches „erschaffen und erpflegt“ werden kann. Hier schon wird einmal kurz das Gegenbild eingeführt, wenn angesichts der „bunten Menge“ deren „wogendes Gedränge ... wider Willen uns zum Strudel zieht“ (V.59-66). Bei allzu sehr gestörten Schaffensbedingungen droht dem Künstler der Sog in einen Strudel, einen (lt. Brockhaus) „Wasserwirbel mit trichterförmig abwärts saugender Spiraldrehung“, also durchaus vorstellbar als vertikales Gegenbild zu der sich nach oben erstreckenden „Himmelsenge“. Damit ist hier gleich anfangs ein polares Wortfeld aufgetreten, das sich über die gesamte Faustdichtung ausbreitet und schließlich,

---

[16] Michael Neumann, Das Ewig-Weibliche in Goethes Faust, Beiträge zur neueren Literaturgeschichte, 3. Folge, Bd. 69, Heidelberg 1985, S. 137ff.

zusammen mit anderen Wortkonstellationen, eine Art Netzwerk bildet, welches in hohem Maße dazu beiträgt, diese Dichtung aus 60 Jahren zusammen zu fügen. Nur auf zwei weitere Variationen des Bildes sei hier verwiesen. Wenn hier der „Dichter" sich nach seiner Jugend und nach ihrer Schaffenskraft zurücksehnt, spricht er einer unbekannten Macht gegenüber die Bitte aus:

> So gib mir auch die Zeiten wieder,
> Da ich noch selbst im Werden war,
> Da sich ein Quell gedrängter Lieder
> Ununterbrochen neu gebar. (V. 184-7)

Und schließlich ergeht am Ende des Vorspiels die Aufforderung des Theaterdirektors an seine Truppe wie auch ans Publikum, die Grenzen realer Beschränkung durch Phantasie zu sprengen:

> So schreitet in dem engen Bretterhaus
> Den ganzen Kreis der Schöpfung aus. (V.139/40)

Im großen Anfangsmonolog des Faust I sehen wir einen alten Mann, der zwischen höchster Hoffnung auf neue Lebens- und Geistesquellen und tiefster Verzweiflung über die Enge seiner Gelehrtenwelt hin und her pendelt. In den kurzen Augenblicken der Erkenntnis fühlt sich dieser „Übermensch" den Göttern gleich, um sich kurz darauf als einen „im Zeitenstrudel" Gescheiterten zu sehen (V. 643), dem in der ewigen Wiederkehr des Gleichen ein Abgrund an Sinnlosigkeit entgegenstarrt. Da fällt dem in der Sinnsuche Ermatteten jene „einzige Phiole" ins Auge, deren „Höhlung" den schwarzen Saft enthält, den „Auszug aller tödlich feinen Kräfte". Wir werden gleich auf diese Stelle zurück kommen. Vorher scheint es ratsam, den Leser den methodischen Vorgang nachvollziehen zu lassen, auf Grund dessen deutlich wird, daß Goethes gegenständliches Denken im Wortfeld um Schoß, Geburt und Tod über bisher Gesehenes hinausgeht.

Wir springen dafür in die Szene „Finstere Galerie" im ersten Akt des zweiten Teils, dem Gang zu den Müttern. Auch Eckermann blieb hier so vieles rätselhaft, daß er Goethe um einigen Aufschluß bat: „Dieser aber in seiner gewöhnlichen Art, hüllte sich in Geheimnisse, indem er mich mit großen Augen anblickte und mir die Worte wiederholte: ‚Die Mütter! Mütter! – 's klingt so wunderlich!', fügte aber noch hinzu, er habe bei Plutarch Mütter als Gottheiten gefunden. Das sei aber auch alles, was er der Überlieferung verdanke. ‚Alles andere ist meine eigene Erfindung ... Studieren Sie alles wohl und sehen Sie zu, wie Sie zurechtkommen.'"[17] Faust hat vom Kaiser den Befehl erhalten, Paris und Helena aus der Unterwelt herbeizuzaubern. Eher humorvoll als tiefsinnig läßt Goethe Mephisto seine Hilfe verweigern unter Berufung auf die Tatsache, daß ihm als christlichem Teufel die Unterwelt verschlossen sei, und außerdem habe er Angst vor der grenzenlosen Öde und Einsamkeit. Diese beschwörend, warnt er Faust:

> Und hättest du den Ozean durchschwommen
> Das Grenzenlose dort geschaut,
> So sähst du dort doch Well auf Welle kommen,
> Selbst wenn es dir vorm Untergange graut.
> Du sähst doch etwas. Sähst wohl in der Grüne
> Gestillter Meere streichende Delphine. (V. 6239-44)

Als Gegenbild zur totalen Öde und Einsamkeit beim Gang zu den Müttern beschwört Goethe hier als letztes Zeichen von Raum und Zeit das Meer und die Delphine. Außer in der klassischen Walpurgisnacht erscheinen die Delphine im ganzen Faust nur dieses einzige Mal, und zwar meines Erachtens als ein „bedeutendes" Wortzeichen. Nach uralter Anschauung bildet der Delphin das Mittelglied zwischen Fisch und Säugetier. Sein Name wurde vom griech. „delphys" abgeleitet, das heißt Gebärmutter.[18] „In der phönikischen Symbolik gehört er als ‚Bauchfisch' ... in die Reihe der mannigfachen Sinnbilder des weiblichen Prinzips, während der Reiter auf ihm das männliche Prinzip repräsentiert", schreibt Otto Keller.[19] Das Wörterbuch für Antike und Christen-

---

[17] Zu Eckermann, 10. Januar 1830. Auf diese Weise mit den Müttern allein gelassen, entwirft Eckermann, der vielleicht aktivste und einfühlsamste Teilnehmer und Aufmunterer am Schaffensprozess des Faust II, seine eigene Auslegung dieses Mythos: „Die ewige Metamorphose des irdischen Daseins, des Entstehens und Wachsens, des Zerstörens und Wiederbildens, ist also der Mütter nie aufhörende Beschäftigung. Und wie nun bei allem, was auf der Erde durch Fortsetzung ein neues Leben erhält, das *Weibliche* hauptsächlich wirksam ist, so mögen jene schaffenden Gottheiten mit Recht *weiblich* gedacht, und es mag der ehrwürdige Name Mütter ihnen nicht ohne Grund beigelegt werden." Da Goethe die Metamorphose als Prinzip aller schaffenden Kräfte sowohl in der Natur, der Kunst, wie auch in der geistig-seelischen Entwicklung des Menschen sah, scheint mir dieser Erklärungsversuch durchaus einleuchtend.

[18] Erst im 20. Jh. ist unter den Etymologen strittig geworden, ob delphýs und delphís (Delphin) einer oder zwei verschiedenen Wortwurzeln angehören. Für unsere Untersuchung ist aber nur die übereinstimmende Meinung wichtig, die zu Goethes Zeit vorherrschte und die übrigens auch dem antiken Sprachverständnis entsprach. Eine ausführliche briefliche Mitteilung zu dieser Frage verdanke ich Herrn Studiendirektor i.R. Bernhard Harms, Annweiler.

[19] Otto Keller, Die antike Tierwelt, Bd. 1, Säugetiere, Leipzig 1909, S. 224f.

tum vermerkt, in der „Verbindung mit Aphrodite verkörpert der ‚Bauchfisch' [Delphin] das weibliche Naturprinzip, bzw. den Mutterschoß."[20] Ich glaube kaum, daß man das Auftauchen der Delphine als Sprachzeichen an dieser Stelle der Dichtung für zufällig halten kann.

Damit verlassen wir vorerst wieder die Mütter und den Faust II und gehen zurück in die Studierstube zum lebensmüden Faust, dessen Blick auf die Phiole gefallen ist. Die *Phiole* – was ist das eigentlich? Der Brockhaus sagt: „*Birnenförmiges* Glasgefäß mit langem, engem Hals." Die lexikalische Beschreibung der *Gebärmutter* des Menschen lautet abgekürzt: „Sie ist ein hohler Körper von der Gestalt und Größe einer *Birne*." Man unterscheidet an ihr „den Körper mit dem *Grund*, den schräg nach unten und hinten gerichteten *Hals* und die zwischen Körper und Hals liegende *Enge*." Hier eröffnet sich ein Blick in Goethes Werkstatt. Er liebte Analogien, da sie die Phantasie des Dichters wie des Zuhörers anregen und nicht festlegen. „Mitteilungen durch Analogien halt ich für so nützlich als angenehm: der analoge Fall will sich nicht aufdrängen, nichts beweisen; er stellt sich einem anderen entgegen, ohne sich mit ihm zu verbinden. Die Analogie hat den Vorteil, daß sie nicht abschließt und eigentlich nichts Letztes will."[21] Dieser Dichter hat eine Scheu davor, die von ihm erkannten tiefsten Zusammenhänge von Natur, Kunst, dem menschlichen Geist, direkt auszusprechen; er überzieht sie mit einem Gewebe, einem „Schleier" von Bildern, wiederum meist aus Naturvorgängen gewonnenen. Aus der Verknüpfung dieser Bilder untereinander bzw. der Vorstellungen und Anklänge, die sie in unserer eigenen Einbildungskraft hervorrufen, entsteht sein Kunstwerk. Goethes Vorliebe für die bildhafte Analogie ist nichts anderes als jenes „gegenständliche Denken", von dem er 1823 sagt, „daß mein Anschauen selbst ein Denken und

[20] Reallexikon für Antike und Christentum, Stuttgart 1957, S. 668-82. „Der schiffbrüchige Eikadios, Sohn des Apollo, wird von einem Delphin an das Gestade am Fuß des Parnass getragen, wo er dem Apollo einen Tempel gründet und die Stätte dem Delphin zu Ehren Delphi nennt". So erklärt das Reallexikon für Antike und Christentum a. a. O., S. 671 den Zusammenhang zwischen dem Namen der Kultstätte und dem der Tierart. Für Goethes Müttermythos ergibt sich daraus noch der Bezug zum Dreifuß. Dazu M. Neumann, a. a. O., S. 216/7. In seinem Gedicht „Geburt der Venus" von 1904 beschreibt Rilke, gelegentlich hart an der Grenze zum Kitsch, in allen Einzelheiten die Meeresgeburt der Göttin. Das Gedicht schließt mit den Zeilen:

> Am Mittag aber, in der schwersten Stunde,
> hob sich das Meer noch einmal auf und warf
> einen Delphin an jene selbe Stelle.
> Tot, rot und offen.

Rainer Maria Rilke, Sämtliche Werke Bd. 1, Wiesbaden 1955, S. 549-552.

[21] HA XII, S.368.

mein Denken ein Anschauen sei".[22] Wie bis ins feinste Detail gegenständlich dieser Dichter/Naturwissenschaftler seine Bilder „mit Augen schaute", wird u.a. hier zu zeigen sein.

Nun zum Phiolenmonolog:

Ich grüße dich, du einzige Phiole!
Die ich mit Andacht nun herunterhole,
In dir verehr' ich Menschenwitz und Kunst.
Du Inbegriff der holden Schlummersäfte,
Du Auszug aller tödlich feinen Kräfte,
Erweise deinem Meister deine Gunst!
Ich sehe dich, es wird der Schmerz gelindert,
Ich fasse dich, das Streben wird gemindert,
Des Geistes Flutstrom ebbet nach und nach.
Ins hohe Meer werd' ich hinausgeworfen,
Die Spiegelflut erglänzt zu meinen Füßen,
Zu neuen Ufern lockt ein neuer Tag.
Ein Feuerwagen schwebt, auf leichten Schwingen,
An mich heran! Ich fühle mich bereit
Auf neuer Bahn den Äther zu durchdringen,
Zu neuen Sphären reiner Tätigkeit,
Dies hohe Leben, diese Götterwonne!
Du, erst noch Wurm, und die verdienest du?
Ja, kehre nur der holden Erdensonne
Entschlossen deinen Rücken zu!
Vermesse dich, die Pforten aufzureißen,
Vor denen jeder gern vorüberschleicht.
Hier ist es Zeit, durch Taten zu beweisen,
Dass Manneswürde nicht der Götterhöhe weicht,
Vor jener dunkeln Höhle nicht zu beben,
In der sich Phantasie zu eigner Qual verdammt,
Nach jenem Durchgang hinzustreben,
Um dessen engen Mund die ganze Hölle flammt;
Zu diesem Schritt sich heiter zu entschließen
Und, wär' es mit Gefahr, ins Nichts dahin zu fließen. (V.690-719)

---

[22] Aus dem Aufsatz „Bedeutende Fördernis durch ein einziges geistreiches Wort", HA XIII, S. 37-41. Der ganze Absatz lautet: „Er (Dr. Heinroth) bezeichnet meine Verfahrensart als eine eigentümliche: daß nämlich mein Denkvermögen gegenständlich tätig sei, womit er aussprechen will: daß mein Denken sich von den Gegenständen nicht sondere, dass die Elemente der Gegenstände, die Anschauungen in dasselbe eingehen und von ihm auf das innigste durchdrungen werden, daß mein Anschauen selbst ein Denken, mein Denken ein Anschauen sei."

Beim Anblick der Phiole ersehnt sich Faust geistige Kontinuität und Erneuerung, vergleichbar einer brieflichen Äußerung Goethes Zelter gegenüber: „Wirken wir fort, bis wir, vor- oder nacheinander, vom Weltgeist berufen in den Äther zurückkehren! Möge dann der ewig Lebendige uns neue Tätigkeiten, denen analog in welchen wir uns schon erprobt, nicht versagen!“[23] In Goethes Äußerungen über Tod und Unsterblichkeit findet sich diese Hoffnung durchgehend, oft aber auch ihre Umkehrung in Visionen des „ewig offenen Grabes“. Schon Werther schaudert vor diesem Doppelgesicht: „Der Schauplatz unendlichen Lebens verwandelt sich vor mir in den Abgrund des offenen Grabes ... ich sehe nichts als ein ewig verschlingendes, ewig wiederkäuendes Ungeheuer.“[24] Im Phiolenmonolog wird die ganze Skala von Götterwonne zu verschlingendem Nichts beschworen und gewaltig ausgeweitet. In den ekstatischen Bildern des ersten Monologteils erscheint die Idee des Neuen unmittelbar in vier Adjektiven, den Übergang bezeichnend in ein anderes Leben, zu neuen Sphären reiner Tätigkeit.

Der zweite Teil des Monologs wird beherrscht von einer Bildvorstellung, die im ganzen Goetheschen Werk eine wichtige Rolle spielt, die Höhle, deren Symbolbedeutung sich schon seit prähistorischer Zeit mit dem Bereich des Todes als dunklem Raum wie auch mit der Geburt, dem mütterlichen Schoß, verbindet. Goethe braucht das Bild an vielen Stellen seines Werkes; immer suggeriert es Einsamkeit, aber auch schützenden Raum.[25] Im Phiolenmonolog, in unmittelbarer Nähe des tödlichen Nichts, erscheint „Höhle“ zum ersten Mal nah an dem klanglich verwandten Wort Hölle und führt damit wie ein Stichwort die letzte Zeile aus dem Vorspiel weiter: „Vom Himmel durch die Welt zur Hölle.“ Nach der „Gnadenpforte“ also die bedrohlichen Pforten jenes „Durchgangs“, „um dessen engen Mund die ganze Hölle flammt“: Umkehrung des Gebärmuttermotivs als Todesschlund.[26]

---

[23] 27. März 1827.

[24] Die Leiden des jungen Werther, 18. August, HA VI, S. 53.

[25] Werner Keller, a. a. O., S. 139. Hier heißt es weiter: „Im Bild der Höhle, das ... einen ungemein weiten Bedeutungsbereich ausfüllt, ist die intensivste Verdichtung des menschlichen und des dichterischen Erlebens angelegt.“ (S. 147), und: „Mit der Höhle ist immer die Einsamkeit verbunden, die sichere Abgeschiedenheit eines Raumes, der wie eine Hülle den Menschen umgibt, so daß die verschlossene Tiefe ins Bewußtsein aufsteigen und die Außenwelt in das geöffnete Innere eingehen kann.“ Hier auch Kellers Hinweis auf Helmut Rehder (Studies in Goethe's Poetic Imagery, in: Texas Studies in Literature and Language VI, 1964, p. 155-169), wo dieser das Höhlenbild „auch in seinen Metamorphosen als Kerker und Hades“ untersucht hat, S. 139 u. Anmerkung 45 ebenda.

[26] A. Schöne, a. a. O., S. 226, kommentiert V. 736 ff. folgendermaßen: „Der Selbstmord, nicht in geistiger Umnachtung, sondern in freier Willensbestimmung unternommen, ist zu Goethes Zeit durchaus noch als ein verbrechensnaher Angriff auf die öffentliche Ordnung

Im Drama folgt hier die Szene, die als „Osterspaziergang“ zu bezeichnen wir uns gewöhnt haben. Sie heißt aber „Vor dem Tor“. Wenn Faust hier die Wiedergeburt der Natur begrüßt, „des Frühlings holden, belebenden Blick“, so nehmen einige Zeilen weiter die berühmten Verse eine erweiterte Bedeutung an:

> Aus dem hohlen finstern Tor
> Dringt ein buntes Gewimmel hervor.
> Jeder sonnt sich heute so gern.
> Sie feiern die Auferstehung des Herrn,
> Denn sie sind selber auferstanden,
> Aus niedriger Häuser dumpfen Gemächern,
> Aus Handwerks- und Gewerbes-Banden,
> Aus dem Druck von Giebeln und Dächern,
> Aus der Straßen quetschender Enge,
> Aus der Kirchen ehrwürdiger Nacht
> Sind sie alle ans Licht gebracht. (V. 918-28)

Nun ist es das „hohle, finstere Tor“, durch das sich das Volk ins Freie drängt, um sich dort „in Breit' und Läng'“ des erneuerten Lebens in der Natur wie auch im Glauben zu erfreuen. Auffallend die Parallele zum Vorspiel: Hier geht es doch wohl um „einander gegenübergestellte und sich gleichsam ineinander abspiegelnde Gebilde“, die dem „Aufmerkenden geheimeren Sinn“ offenbaren sollen.[27] Einmal strömt die Menge aus dem Ort zu dem meist im Freien aufgeschlagenen Bretterhaus, drängt sich trauben- oder auch birnenförmig vor den Einlaß, zwängt sich „mit gewaltig wiederholten Wehen“ durch die enge Pforte, um sich dann durch Kunst und Phantasie zu erfrischen. In der Variation vor dem Tor erweitert sich die gleiche Sprachbewegung eines gebärmutterartigen Umrisses in genau gesehener Beschreibung der quetschenden Enge der Häuser und Straßen, des finsteren Domgewölbes, aus denen die Menschen „ans

---

verstanden worden, als verwerflicher Verstoß gegen das sittliche Gebot, daß man kein Verfügungsrecht über das eigene Leben habe, als frevlerische Versündigung an der göttlichen Vorsehung. Solche Vorstellungen werden hier keineswegs mitgeteilt, selbstverständlich aber beim Leser vorausgesetzt. Wenn jetzt der österliche ‚Chorgesang‘ den ‚irrenden‘ Faust, dessen erste Untat nicht ein fremdes, sondern das eigene Leben angeht, im letzten Augenblick innehalten und umkehren läßt, erscheint das (innerweltlich) als eine nostalgisch-sentimentale Reaktion. Darin aber ist der metaphysische Akt des alten geistlichen Spiels aufgehoben: am Rande des Abgrunds reißen die in das irdische Geschehen eingreifenden himmlischen Mächte den frevelnd Irrenden von der sündhaften Selbstvernichtung zurück.“

[27] An C. J. L. Iken, 27. September 1827.

Licht gebracht" wurden.[28] Von solcher Wiedergeburt ausgeschlossen ist der gelehrte Mann, dem das Volk verehrungsvoll einen Erquickungstrunk reicht zum Dank für ärztliche Wohltaten in früherer Zeit. Faust aber wird dadurch von Neuem in schwersten inneren Aufruhr gestürzt, wissend, daß die von seinem Vater in „schwarzer Küche" gebrauten Arzneien weit häufiger den Tod als die ersehnte Heilung gebracht hatten. Für Faust, den modernen Skeptiker, hat sich wieder eine Hoffnung zerschlagen, „aus diesem Meer des Irrtums aufzutauchen". Die ersehnte Regeneration zu „neuem, buntem Leben" scheitert wie so oft am eigenen Bewußtsein. Er empfindet schmerzvoll die Kluft, die ihn von den Menschen trennt, die mit ungeteilter Seele und naiverem Gemüt Erfrischung aus Natur und Glauben empfangen können.

Alle bisher besprochenen Passagen wurden zwischen 1797 und 1801 geschrieben, Jahren, in denen Goethe fast ebensoviel Zeit mit Schiller in Jena wie in Weimar verbrachte, Jahren täglichen Gedankenaustausches und fördernder Teilnahme am Werk des Anderen. Im Sommer 1798 hatte Goethe gerade wieder drei Wochen in Jena verbracht. Er beklagt sich im ersten Brief nach der Abreise über die ständigen Ablenkungen in Weimar und schließt: „Mich verlangt recht sehr, wieder bei Ihnen zu sein." Und nun antwortet Schiller: „Diese Störungen sind freilich sehr fatal, aber insofern sie die poetischen *Geburten* bei Ihnen retardieren, so können sie vielleicht eine desto raschere und reifere *Entbindung* veranlassen ... Leben Sie recht wohl."[29] Diese scherzhafte Äußerung bestätigt ein weiteres Mal, welche Bedeutung der Geburtsmetaphorik zukommt. Es ist zwar nicht ungewöhnlich, daß Künstler ihre Produkte als „Geburten" bezeichnen, aber diese pointierte Zusammenstellung mit dem Wort Entbindung, zum einzigen Mal im ganzen Briefwechsel, legt doch die Annahme nahe, daß die Freunde in mündlicher Unterhaltung bereits anspielungsvoll mit

---

[28] A. Schöne läßt in seinem Kommentar dieser Szene die „kleinen, hoch komprimierten poetischen Formeln" und ihren symbolischen Gehalt weitgehend auf sich beruhen, um vielmehr aufschlußreiche Schilderungen der realistischen Lebensbedingungen solch mittelalterlicher Dorfgemeinschaften zu liefern, etwa über Wohnverhältnisse, sanitäre Bedingungen usw.: „Aus dem Wintergrab einer solchen darbenden Stadt: aus ihrer ‚Straßen quetschenden Enge', aus ihren dicht an dicht gebauten, meist gar nicht für Wohnzwecke eingerichteten Häusern, aus den dunklen (wegen der schmalen Giebelfront zur Straße hin vielfach völlig fensterlosen) und kaum beheizten oder belüfteten ‚dumpfen Gemächern', aus dem ‚hohlen, finstern Tor', das im Verbund mit den Stadtmauern nicht nur Feinde abhält und Fremde aussperrt, sondern auch die Bürger eingepfercht hielt, drängt jetzt alles ins Offene, ins Freie – an's Licht'" A. a. O., S. 233.

[29] Schiller an Goethe, 30. Juni 1798. Die Tatsache, daß dieser Satz aus Schillers Brief bisher von der Forschung überhaupt noch nicht bei dem Versuch herangezogen wurde, die Entstehung des Vorspiels annähernd zu bestimmen, scheint mir eine Folge der bisherigen Verkennung der Geburts- bzw. Gebärmutter-Metapher.

diesem Komplex umgegangen waren, vermutlich angeregt durch die Tatsache, daß eben jetzt das „Vorspiel auf dem Theater“ im Entstehen begriffen war.

Beim Auftritt der bunten Menge mit ihren Frühlingsgefühlen klingt untergründig das Thema der Verführung an, das später das Einzelschicksal Gretchens bestimmen wird. Die Szene „Vor dem Tor“, die dem ersten Auftreten Mephistos unmittelbar vorausgeht, bringt Ausweitungen und Variationen unseres Bildmotivs in Formen geschlechtlichen Verhaltens oder Begehrens, wie sie sich in einer Menge zeigen mögen, die sich am Genuß jahreszeitlicher Erneuerung mit Tanzmusik, Trunk und Paarung berauscht:

Soldaten:
Burgen mit hohen
Mauern und Zinnen,
Mädchen mit stolzen
Höhnenden Sinnen
Möcht ich gewinnen! ...
Mädchen und Burgen
Müssen sich geben
Kühn ist das Mühen,
Herrlich der Lohn!
Und die Soldaten
Ziehen davon. (V. 884-902)

Und dann, als unmittelbarer Kontrast zu Fausts zunächst hochfliegenden Erneuerungsgedanken des Osterspaziergangs, „Tanz und Gesang“ der „Bauern unter der Linde“:

Doch hurtig in dem Kreise gings,
Sie tanzten rechts, sie tanzten links
Und alle Röcke flogen.
Sie wurden rot, sie wurden warm
Und ruhten atmend Arm in Arm ...
Und Hüft’ an Ellenbogen.
...
Wie mancher hat nicht seine Braut
Belogen und betrogen!
Er schmeichelte sie doch beiseit’,
Und von der Linde scholl es weit ... (V. 965-977)

Das Wort „Schoß“ findet sich zum ersten Mal im „Urfaust“ in Gretchens Lied am Spinnrad: „Mein Schoß! Gott! Drängt sich nach ihm hin“, womit sie in einer für diese Zeit ganz unerhörten Direktheit ihrem sexuellen Verlangen Ausdruck gibt. Nur hier und in Gretchens Erzählung über das von ihr an Mutter Stelle aufgezogene Schwesterchen erscheint das Wort ganz realistisch, ohne symbolische Bedeutung, nur die Gefühlsstärke des jungen Mädchens charakterisierend. Ganz anders dann in der Szene, als das „gute unschuldige Kind“ sich vielleicht zum ersten Mal seiner Armut bewußt wird und vor dem Spiegel ausruft:

> Nach Golde drängt
> Am Golde hängt
> Doch alles!
> Ach, wir Armen! (V. 2802-4)

Indem sie das zweite Kästchen dem mütterlichen und kirchlichen Bannkreis zu Gunsten der durchtriebenen Nachbarin entzieht, verstrickt sie sich ahnungslos immer tiefer in die Verführung durch Gold und Geschlecht. Gretchens Schicksal nimmt innerhalb einer starren, männlich-autoritären Gesellschaftsordnung seinen tragischen Verlauf. Ein junger Mensch, zur Mutter offenbar prädestiniert, wird zur Mörderin am eigenen Kind in einer Welt, die ursprünglich im Zeichen christlicher Liebe angetreten war. Was die Natur zu neuem Leben bestimmt hatte, endet innerhalb solcher Strukturen ausweglos in Wahnsinn und Tod.

Gold und Schoß ist die Devise der satanischen Verse, die, von Goethe vermutlich um 1800 verfaßt, ursprünglich für die Walpurgisnacht des Faust I gedacht waren, dann aber in Selbstzensur in seinem „Walpurgissack“ verschwanden und erst in der Weimarer Ausgabe von Erich Schmidt unter den Paralipomena veröffentlicht bzw. versteckt wurden. Faust und Mephisto sind im Harzgebirge. Den Hexenzug beobachtend, konstatiert Mephisto:

> Der ganze Strudel strebt nach oben;
> Du glaubst zu schieben, und du wirst geschoben. (V. 4116-7)

Himmelsenge und Strudel aus dem Vorspiel nun konsequent in der Umkehrung, der Strudel trichterförmig wie der Zugang zur Hölle in Dantes Inferno. Auf dem Gipfel thront Satan, vor ihm Männer und Frauen, die in Anlehnung an die von Goethe benutzte Hexenliteratur als Böcke und Ziegen bezeichnet werden. Zu den Böcken zur Rechten gewandt, spricht der Chor:

Aufs Angesicht nieder!
Verehret den Herrn!
Er lehret die Völker
Und lehret sie gern.
Vernehmet die Worte:
Er zeigt euch die Spur
Des ewigen Lebens
Der tiefsten Natur.

Dann der Satan:

Euch gibt es zwei Dinge
So herrlich und groß:
Das glänzende Gold
Und der weibliche Schoß.
Das eine verschaffet,
Das andere verschlingt.
Drum glücklich, wer beide
Zusammen erringt![30]

Hier also wird die doppelte Verführungskraft von Geld und Geschlecht in anschauungsgesättigter Metapher vor Augen geführt. Ihre Variationen durchziehen den ganzen „Faust II" und erscheinen vor allem dort, wo der alte Dichter immer und überall vorhandene gesellschaftliche Übel aufs Korn nimmt, besonders die Verschwendung der Potentaten gegenüber ihren Mätressen. Die letzte Ausfor-

[30] Texte: WA I, 14, S. 296-311 und A. Schöne, Hg., FA Bd. 7/1, S. 737-753; Kommentar: Bd. 7/2. S. 342-361. Diese Szenen, die seltener Weise von Goethe selber in sorgfältiger Reinschrift geschrieben wurden, verschwanden offenbar schon bald nach ihrer Entstehung in jenem „Walpurgis-Sack", den er selber bezeichnet als „eine Art von infernalischem Schlauch, Behältnis, Sack, ursprünglich zur Aufnahme einiger Gedichte bestimmt, die auf Hexenszenen im ‚Faust', wohl nicht auf den Blocksberg selbst einen näheren Bezug hatten ... es brennt da unten ein unverlöschliches Fegefeuer, was, wenn es um sich greift, weder Freund noch Feind verschont. Ich wenigstens will niemand raten, ihm allzu nahe zu kommen. Ich fürchte mich selbst davor!" Im Zusammenhang dieses Gesprächs, August 1808, notiert Falk eine Goethesche Publikumsbeschimpfung, die m. E. fast erschreckend zeigt, wie desillusioniert Goethe mit zunehmendem Alter über das deutsche Lesepublikum war. „Ja, wenn ich es nur je dahin noch bringen könnte, daß ich ein Werk verfaßte ... daß die Deutschen mich so ein, fünfzig oder hundert Jahre ... recht gründlich verwünschten und aller Orten und Enden mir nichts als Übels nachsagten: das sollte mich außermaßen ergötzen. ... Sie mögen mich nicht! Das matte Wort! Ich mag sie auch nicht! Ich habe es ihnen nie recht zu Danke gemacht! vollends wenn mein Walpurgis-Sack nach meinem Tode sich einmal öffnen und alle bis dahin verschlossenen stygischen Plagegeister, wie sie mich geplagt, so auch zur Plage für andere wieder loslassen sollte; ... das, denke ich doch, vergeben sie mir so bald nicht!" Zu Falk, vor 1817. Zitiert nach: Goethe über die Deutschen, hrsg. v. Hans-J. Weitz, Frankfurt/M. 1982, S. 47.

mung des Bildes findet sich im vierten Akt in der drastischen Allegorie der Eilebeute[31], die das gierig geraffte Kriegsgold kaum so schnell in ihrem Schoß verstauen kann, wie es durch das Loch in ihrer Schürze wieder herausfällt. Am Ende dieses Kriegs-Aktes steht die Szene der Beleihung an die alten Günstlinge, in altmodisch steifen Alexandrinern, Restauration und Erstarrung statt Erneuerung. Also Wiederkehr des ewig Gleichen – bis hin zu Mephistos Ausruf bei der mit hohem Technikeinsatz erträumten Landnahme des hundertjährigen Faust am Ende der Tragödie:[32]

> In jeder Art seid ihr verloren;
> Die Elemente sind mit uns verschworen,
> Und auf Vernichtung läuft's hinaus ... (V. 11348-50)
>
> „Da ist's vorbei!" Was ist daran zu lesen?
> Es ist so gut, als wär' es nicht gewesen.
> Und treibt sich doch im Kreis, als wenn es wäre.
> Ich liebte mir dafür das Ewig-Leere. (V. 11600-03)

Erst im 20. Jahrhundert fand man Zugang zu Goethes hypersensiblem, hochgefährdeten Charakter, dessen Lebenswerk, gerade auch das naturwissenschaftiche, wie ein Bollwerk gegen die eigenen Ängste, mehr vielleicht noch gegen bedrohliche Entwicklungen gesetzt wurde, die er in Zukunft auf die Menschheit zukommen sah. Goethe beobachtete mit Sorge die Erstarrung politischer Systeme als Folge von Dummheit, Verschwendungssucht, Verantwortungslosigkeit ihrer Repräsentanten. Er ahnte die Gefahren des Verlustes an Menschlichkeit durch zunehmende Spezialisierung im Verein mit menschlicher Hybris, sah und fürchtete die Verkümmerung von Geist und Seele durch einseitiges Nutzdenken. Immer wieder warnte er davor, die Grenzen zwischen Sein und Schein zu verwischen.

---

[31] Der Name biblisch vorgegeben bei Jesaja 8, 2-4: „Raubebald, Eilebeute."

[32] Ilse Graham machte 1981 als erste die mephistophelische Sicht innerhalb der Betrachtung des Ewig-Weiblichen zum Inhalt eines bei seinem Erscheinen viel beachteten Aufsatzes: Von Eva zu Ave. Über die Würde des Verworfenen in Goethes Faust. In: Studien zur Goethezeit. Erich Trunz zum 75. Geburtstag, hrsg. v. H.-J. Mähl und E. Mannack, Heidelberg 1981, S. 63-89. Den Tenor ihres Aufsatzes faßt folgender Satz zusammen: „Wie war es möglich, eine ‚Berg-Schlucht' zu überspielen, die sich von dem gähnenden Schlund des ‚Ewig-Leeren' bis zum letzten ‚Hinan' des ‚Ewig-Weiblichen' erstreckt? Denn, genau besehen, läuft die kreisförmige Wiederkehr des Gleichen auf eben das Ewig-Leere hinaus, mit dem der Teufel liebäugelt, und zwar aus metaphysischer Langeweile: ‚Und immer zirkuliert ein neues, frisches Blut./ So geht es fort, man möchte rasend werden!'"

Bei allen Anfechtungen angesichts scheinbarer Sinnlosigkeit resigniert Goethe nicht. Stärker noch war seiner Natur das Bedürfnis, sich jenen Bedrohungen durch Denken und Tun entgegen zu stemmen. Daraus erklärt sich in erster Linie die Leidenschaft, mit der er sich nach Italien naturwissenschaftlichen Betätigungen zuwandte in der Hoffnung, von der Beobachtung des zufälligen „Gewimmels“ durch geduldiges Studium auch der kleinsten Phänomene zum Erkennen von Gesetzmäßigkeiten vorzustoßen.[33] Auf dem Fortschreiten dieses Bemühens beruht auch weitgehend die Verschiedenheit von erstem und zweitem Teil des Faust. Goethe selber sagt darüber zu Eckermann: „Der erste Teil ist fast ganz subjektiv; es ist alles aus einem befangeneren, leidenschaftlicheren Individuum hervorgegangen ... Im zweiten Teile aber ist fast gar nichts Subjektives. Es erscheint hier eine höhere, breitere, hellere, leidenschaftslosere Welt.“[34] Das heißt: Es geht hier nicht mehr um die Darstellung der Schicksale von Einzelfiguren, deren Verständnis man sich unter anderem mit Hilfe psychologischer Kriterien nähern könnte; diese Methode wäre für den zweiten Teil des Faust total verfehlt, obwohl bis zum ersten Drittel des 20. Jh. immer wieder versucht. Es geht im zweiten Teil eben nicht um *einen* Menschen, sondern um Mensch und Welt seit Anbeginn, um Lebensbedingungen, Lebenskreise. Er richtet sich weniger an das Mitfühlen als an das Mitdenken des Publikums, auch an dessen gereiftere Erfahrung. Es gibt hier weder kausale Entwicklungen noch Zeit und Raum im üblichen dramatischen Sinne, sondern die Goethesche Altersperspektive der Zusammensicht, der Übersicht; oder, wie er selber sagt: „Ob etwas in der vergangenen Zeit, in fernen Reichen, oder mir ganz nah räumlich im Augenblicke vorgeht, ist ganz Eins.“[35] Um diese Aussagen nicht im Abstrakten hängen zu lassen, sei an dieser Stelle das Risiko einer derart gedrungenen Annäherung an das Faust-Werk auf die Spitze getrieben und der Versuch unternommen, die Inhalte der einzelnen fünf Akte des zweiten Teils in jeweils einem Satz zu umreißen.

Der erste Akt gibt einen Querschnitt durch eine Gesellschaft, die durch Dummheit und Maßlosigkeit der Herrscher am Rande des Bankrotts steht, der auch durch das Hinzutreten magischer Kräfte in Gestalt von Faust und Mephisto und ihrer Erfindung des Papiergeldes als „schein“-hafter Lösung nicht mehr aufzuhalten ist.

---

[33] Versuch einer Witterungslehre, 1825, WA II, 12, S.12. Ähnlich WA II, 6, S. 1 („er“ = Gott = Metamorphose), S. 267/8, 327 et al.; WA II, 7, S. 153-164; WA II, 8, S. 67, S. 78-89.

[34] Goethe zu Eckermann am 17. Februar 1831.

[35] An W. v. Humboldt, 1. Dezember 1831.

Der zweite Akt geht um die Herstellung eines „chymischen Menschleins" *in vitro*, in erhitzter Retorte, dessen „Behinderung", nämlich nur aus Verstand zu bestehen, durch die Versetzung auf die Peloponnes zusammen mit Faust und Mephisto geheilt werden soll, wo ihm das Bad im Lebenselement des Wassers sowie, im Beisein aller vier Elemente, die Liebesvereinigung mit der schönen Galatee erst zu seiner wahren Geburt als Mensch verhelfen.

Im dritten Akt erscheint Helena, das Mythen- und Dichtungswesen aus dreitausend Jahren, als eine aus dem Hades ins Leben gezogene Gestalt, die dem Faustmenschen der Gegenwart als Inbegriff seiner Sehnsucht nach Liebe, Schönheit, nach Kunst erscheint. Aber der Versuch dieses Paares, die Kunst „ins Leben zu ziehen" durch ihre Vereinigung in der Höhle zum Zweck der Geburt des Euphorion muß scheitern, da Kunst eben nicht als Leben, sondern nur im Bereich des Scheins Dauer erhalten kann, unter dem Schleier der Form.

Im vierten Akt macht ein Gegenkaiser dem Kaiser seine Vormachtstellung durch Krieg streitig, wird aber wiederum mit Hilfe mephistophelischer Zauberkräfte vom Kaiser besiegt, seiner Schätze durch Eilebeute und ihre Genossen beraubt, so daß am Ende, nach scheinbarer Umverteilung des Vorhandenen an die alten Günstlinge, das Reich erstarrter ist als zuvor.

Im fünften Akt schließlich, als Faust glaubt, die alte Sehnsucht nach sinnvoller Tätigkeit als Gegenwehr gegen die sinnlose Kreisbewegung durch Landgewinnung aus der See zu erfüllen, muß auch dieser Traum scheitern, allein schon aus dem Grunde, daß am Anfang eine neue Schuld stand, nämlich die Verwüstung des Besitzes und der Tod eines alten Paares. Hybris am Anfang und am Schluß der Tragödie vom Doktor Faust, der am Ende jenes Eingriffs „von oben" bedarf, um als immerhin Strebender wie auch Liebender dem Zugriff des Bösen entwunden und „in die Klarheit geführt" zu werden.

Zum Verständnis aller nach der Italienreise entstandenen Goetheschen Werke und ihrer Strukturgesetze, insbesondere aber des Faust II und unserer spezifischen Metaphorik, ist eine kurze Vergegenwärtigung von Resultaten seiner Metamorphosenlehre sehr hilfreich.[36] Sie zeigt zunächst am Pflanzenwachstum das organische Leben als das stetige sich-Verwandeln einer Urgestalt des Blattes – die in allen Umbildungen zu Keimblättern und Stengelblättern, Kelchblatt, Blütenblatt, Staubgefäßen und Fruchtknoten doch immer sie selbst bleibt.

[36] Für diesen Abriß der „Metamorphose der Pflanzen" habe ich neben Goethes eigenem Aufsatz von 1790 u. a. die Darstellungen von Michael Neumann, a. a. O., bes. S. 142-149, sowie von Nicholas Boyle, Goethe, Bd. 1, München 1995, S. 688-692 benutzt.

Wie sehr das Hervorbringen von Blüten und Früchten in der Natur Goethe schon bei seinen ersten Beobachtungen der so überaus üppigen Flora Italiens beflügelt haben muß, geht aus einer Reihe von flüchtig beschriebenen Notizzettelchen von der Reise hervor. Hier heißt es: „An allen Körpern, die wir lebendig nennen, bemerken wir die Kraft, ihresgleichen hervorzubringen. ... Wenn wir an dieser Ausübung zwei Momente unterscheiden können, nennen wir den ersten *Zeugung*, den zweiten das *Gebären*. Gebären ist der Akt, wenn der gleiche Körper sich vom gleichen absondert. Den abgesonderten Körper nennen wir in den ersten Augenblicken, da wir ihn abgesondert gewahr werden, die Geburt. ... Das Gezeugte und Geborene schreitet unaufhaltsam fort, wieder zu zeugen und zu gebären und verändert sich in jedem Augenblick. ... Vom Zeugen und Gebären zum Zeugen und Gebären vollendet die Natur den Kreislauf des Lebens einer Pflanze. ... Die *Geburt* einer Pflanze, wie wir sie zuerst gewahr werden, nennen wir den Samen. Den Teil der Pflanze (den wir) als geboren zuerst gewahr werden, das nennen wir die Frucht. Schale, die mit dem Kern sich ablöst.“[37] Das also war wohl der Anfang einer Faszination, wie sie sich vom „Vorspiel“ bis „Bergschluchten“ in der Geburtsmetaphorik niederschlägt.

Das 1798 entstandene Gedicht „Die Metamorphose der Pflanzen“ läßt durch seine Wortwahl bereits die spätere Ausweitung bestimmter Gesetzmäßigkeiten auf den zoologischen und anthropologischen Bereich ahnen. „Alle Gestalten sind ähnlich, und keine gleichet der anderen;/ Und so deutet das Chor auf ein geheimes Gesetz.“ Werdend müsse die Pflanze betrachtet werden, wie sie sich „stufenweise geführt bildet zu Blüten und Frucht“.

> Um die Achse gedrängt, entscheidet der bergende Kelch sich,
> Der zur höchsten Gestalt farbige Kronen entläßt ...
> Nun vereinzelt schwellen sogleich unzählige Keime,
> Hold in den Mutterschoß schwellender Früchte gehüllt,
> Und hier schließt die Natur den Ring der ewigen Kräfte;
> Doch ein neuer sogleich fasset den vorigen an.

Das Gedicht wendet sich schließlich, an die „heilige Liebe“ appellierend, an die Geliebte mit den Worten

---

[37] WA II, 7, S. 274/5.

O, gedenke denn auch, wie aus dem Keim der Bekanntschaft
Nach und nach in uns holde Gewohnheit entsproß ...
Und wie Amor zuletzt Blüten und Früchte gezeugt.[38]

Wenn man im Metamorphosengedicht von dem Samen hört, „unter die *Hülle* gebeugt", und in den italienischen Notizen von der „*Schale*, die sich mit dem Kern ablöst", so rückt dieser Teil pflanzlicher, tierischer oder menschlicher Anatomie noch stärker ins Blickfeld in einer 1807 verfaßten Einleitung „Zur Morphologie". Dort wird als „wichtiger Grundsatz der Organisation" genannt, daß „kein Leben auf einer Oberfläche wirken und daselbst seine hervorbringende Kraft äußern könne, sondern die ganze Lebenstätigkeit eine *Hülle*, die gegen das äußere rohe Element, es sei Wasser oder Luft oder Licht, sie schütze, ihr zartes Wesen bewahre, damit sie das, was ihrem Innern spezifisch obliegt, vollbringe. Diese Hülle mag nun als Rinde, Haut oder Schale erscheinen; alles was zum Leben hervortreten, alles was lebendig wirken soll, muß eingehüllt sein."[39] Obwohl ich eine ausdrückliche Gleichsetzung von *Hülle* und *Gebärmutter* in Goethes morphologischen Schriften nicht gefunden habe, erscheint mir dieser Schluß naheliegend, zumal durch die Definition, daß „alles was zum Leben hervortreten, alles was lebendig wirken soll" eingehüllt werden müsse. Noch zwingender erscheint mir dieser Schritt, wenn man die etymologische Bedeutung angrenzender Begriffe aufsucht. Danach geht das gemeingermanische Wort *Hülle*, wie auch *Hülse*, auf die Wortgruppe *hehlen* = bedecken, verbergen, schützen zurück. Im germanischen Sprachbereich schließen sich unmittelbar daran Wörter wie *hohl,* ausgehöhlt, engl. *hole,* also auch *Höhle* und sogar *Hölle*, die wohl ursprünglich das Bergende bedeutete und erst später den christlichen Bedeutungswandel durchmachte.[40] Wie Goethe häufig mit solchen

[38] Die Metamorphose der Pflanzen hat Goethe bis an sein Lebensende beschäftigt, vgl. den Brief an H.W.F. Wackenroder v. 21. Januar 1832, wo es heißt: „Daß die Steigerung, die wir bei der Bildung der Pflanzen von Knoten zu Knoten gewahr werden, durch eine Sonderung und Mischung der von der Wurzel aufgesogenen Feuchtigkeiten, verbunden mit dem (sic) aus der Atmosphäre einwirkenden Ingredienzien bewirkt wird, glauben wir mit Augen zu sehen, indem eine immer vollkommenere Gestaltung sich zuletzt bis zu der neuen Fortpflanzung erhebt; dies ist ein Faktum das wir anstaunend mit Augen sehen ... ob wir gleich gerne der Natur ihre geheime Encheiresis, wodurch sie Leben schafft und fördert, zugeben und, wenn auch keine Mystiker, doch zuletzt ein Unerforschliches eingestehen müssen; so kann der Mensch, wenn es ihm Ernst ist, doch nicht von dem Versuche abstehen das Unerforschliche so in die Enge zu treiben, bis er sich dabei begnügen und sich willig überwunden geben mag."

[39] WA II, 6, S. 14/5; HA XIII, S. 59.

[40] Hier ist abermals ein Unterschied der früheren etymologischen Forschung zum heutigen Stand festzustellen. Die gemeinsame Wurzel von hohl und hehlen wird z. B. von J. u. W. Grimm, Deutsches Wörterbuch, Bd. 4/2 Leipzig 1877, dtv-Nachdruck (München 1984) Bd.

polaren Möglichkeiten eines Wortstammes spielte, konnten wir schon besonders deutlich in jenem Phiolenmonolog sehen, der den engen Durchgang sei es zum Paradies, sei es zur Hölle, beschwor. Die Höhle wiederum, als bergender Raum, verweist unter anderem natürlich auf Abgeschlossenheit und Regenerationskräfte des Individuums, wie schon in „Wald und Höhle" des ersten Teils: (Faust) „Dann führst du mich zur sichern Höhle, zeigst/ Mich dann mir selbst, und meiner eigenen Brust/ Geheime tiefe Wunder öffnen sich" (V. 3232-4). Seit Menschengedenken ist die Höhle symbolischer Ort für Initiation, Schutzort gegen äußere Gefahr, Raum zeitlicher Abgeschiedenheit, in der Ostkirche Schutzraum für die Geburt Christi und vieles mehr. Bei Goethe ist sie ein Zentralsymbol seiner Dichtung.

Ich denke, daß es nach dieser Argumentationsreihe nicht mehr schwerfällt, den Sprung von der Pflanzenhülle zu dem Satz im Vorwort zur Morphologie mit zu vollziehen: „Der Hauptpunkt der ganzen weiblichen Existenz ist die Gebärmutter. Sie nimmt unter den Eingeweiden einen vorzüglichen Platz ein, und äußert, entweder in der Wirklichkeit oder Möglichkeit, die höchsten Kräfte, in Anziehung, Ausdehnung, Zusammenziehung."[41] Also auch hier, im Geburtsorgan, Polarität und Steigerung angelegt als Funktionen des Lebens.

So, mit einem für Goethes Art zu dichten geschärften Blick, kommen wir noch einmal auf den zweiten Teil zurück. Der zweite Akt wird beherrscht und strukturiert von dem „in vielerlei Tonarten durchgespielte(n) Thema des Zeugens, Hervorbringens, ins-Leben-Tretens".[42] Wieder geht es strukturell um einander gegenübergestellte und sich ineinander abspiegelnde Gebilde als künstlerische Umsetzung jener Vorstellung des Urbildes vom Blatt, aus dem sich die Pflanze horizontal und vertikal entwickelt und „ähnliche" Ausformungen hervorbringt.

Der zweite Akt ist überschrieben „HOCHGEWÖLBTES ENGES GOTISCHES ZIMMER"; also fast die gleiche Raumbezeichnung wie für das Studierzimmer im ersten Teil. Geblieben ist an beiden Stellen das hohe enge gotische Gewölbe; und es ist nun ganz dem Leser überlassen, darin nur einen Hinweis auf den mittelalterlichen Baustil oder vielleicht einen weiteren Niederschlag von

---

10, S. 1712 (Stichwort „hohl") angenommen, desgl. von F. Kluge, Etymologisches Wörterbuch der deutschen Sprache, 6. Aufl. Straßburg 1905 (Stichwort „hohl"), wenn auch mit angedeuteter Ungewissheit. Erst in späteren Auflagen, z. B. 20. Aufl. Berlin/New York 1967, ordnet Kluge „hohl" einer idg. Wurzel **kaul* zu, die das Hohle in Knochen und Stengeln bezeichnet. Goethe hat unzweifelhaft die Identität der Wortwurzeln vorausgesetzt. Der Ursprung von *Hölle* in der Wurzel *-hel*, hehlen, ist unbestritten. Vgl. Anm. 25.

[41] WA II, 8, S. 21/2.

[42] A. Schöne, a. a. O., 7/2, S. 493.

Goethes gegenständlichem Denken sehen zu wollen, das hier wie im Faust I die Hülle schafft für die in diesen Mauern vor sich gehenden Geburten und Erneuerungsversuche bis hin zur Metamorphosen-Parodie Mephistos in V. 6587 -6603. Fausts früherer Famulus Wagner hat nun seinen großen Auftritt im Laboratorium des Studierzimmers, wo er als Inkarnation des modernen Naturwissenschaftlers bereit ist, auf Teufel komm 'raus die bisher gesetzten Grenzen der Natur zu überschreiten. Er ist, laut Mephisto, der Erste „jetzt in der gelehrten Welt!" und, wiederum als Faust-Kontrast: „Er ist's allein, der sie zusammenhält" (V. 6544 - 5). Abgeschlossen von aller Welt, „Geschwärzt vom Ohre bis zur Nasen/ Die Augen rot vom Feuerblasen", vulkanisch also sitzt er, fanatisch konzentriert auf das Objekt seiner Begierde:

Schon hellen sich die Finsternisse;
Schon in der innersten Phiole
Erglüht es wie lebendige Kohle
Ja wie der herrlichste Karfunkel,
Verstrahlend Blitze durch das Dunkel.
Ein helles weißes Licht erscheint!
daß ich's diesmal nicht verliere!
...
Ein herrlich Werk ist gleich zustand' gebracht.

Mephistopheles
Was gibt es denn?

Wagner
Es wird ein Mensch gemacht.

Dies also der wörtliche Kontext für die berühmte Zeugung des Homunculus aus der Retorte, nein, aus der *Phiole*, denn hier bestätigt sich eindrucksvoll die ursprüngliche Annahme, daß dieses bauchförmige Gefäß mit langem, engem Hals, wie es schon im ersten Teil für die Selbsttötungsabsichten Fausts so wichtig war, ein künstliches Gebärmuttersymbol darstellt. Die unmittelbar folgenden Zeilen scheinen das noch zu bekräftigen:

Mephistopheles
Ein Mensch? Und welch verliebtes Paar
Habt Ihr ins Rauchloch eingeschlossen?

Wagner
Behüte Gott! Wie sonst das Zeugen Mode war,

Erklären wir für eitle Possen.
Der zarte Punkt, aus dem das Leben sprang,
Die holde Kraft, die aus dem Innern drang
...
Die ist von ihrer Würde nun entsetzt;
Wenn sich das Tier noch weiter dran ergetzt,
So muß der Mensch mit seinen großen Gaben
Doch künftig höhern, höhern Ursprung haben.
...
Was man an der Natur Geheimnisvolles pries
Das wagen wir *verständig* zu probieren,
Und was sie sonst organisieren ließ,
Das lassen wir kristallisieren. (V. 6823-60)

Dem „Väterchen“ Wagner gelingt mit all seinen Feuermanipulationen die, sagen wir einmal, „Herstellung“ des Homunculus in dem Augenblick, als Mephisto dazukommt.[43] Homunculus weiß selber, daß er nur halb geboren ist, ihm mit all seinem trefflichen Hirn doch etwas ganz Entscheidendes fehlt. Es ist genau das, was nun als seine erste „Tat“ vorgeführt wird, nämlich in seiner Phiole zum schlafenden Faust zu entschlüpfen und sich als Traumdeuter zu betätigen. Faust träumt nämlich „die lieblichste von allen Szenen“, die Zeugung der Helena durch Zeus als Schwan im Schoße der Leda, das genaue Gegenbild also zur künstlichen Zeugung des Homunculus. Hier ist Wasser das Element, „umbuscht, umbaumt, in still und feuchten Buchten“. Was sich in Fausts Unbewußtem abspielt und was Homunculus mit seinen übersinnlichen Geisteskräften als dessen Traum zu deuten vermag, ist die Sehnsucht nach einer griechischen Ideallandschaft, die den antiken Menschen und seine Schönheit hervorgebracht hat. Goethe hatte Faust in einer jener motivischen Verschränkungen, durch die er den ersten mit dem zweiten Teil verband, schon gegen Ende der Szene „Vor dem Tor“ das Ideal einer solchen Landschaft beschwören lassen. Angesichts der untergehenden Sonne sagt Faust:

Dort eilt sie hin und fördert neues Leben.
O daß kein Flügel mich vom Boden hebt,
Ihr nach und immer nach zu streben!
Ich säh' im ewigen Abendstrahl
Die stille Welt zu meinen Füßen,

---

[43] Schönes Kommentar zu Vers 6829 (O daß ich's diesmal nicht verliere) „Er spricht wie eine Schwangere vom Abort,“ a. a. O, S. 509. Zu den Versen 6855 ff. schreibt Schöne: „So fungiert Mephisto als Beistand, ja als eine Art Geburtshelfer bei Wagners Versuch, einen Menschen zu ‚machen', und dessen Kristallisationsexperiment rückt in ein diabolisches Zwielicht“, S. 513.

Entzündet alle Höhen, beruhigt jedes Tal,
Den Silberbach in goldne Ströme fließen.
Nicht hemmte dann den göttergleichen Lauf
Der wilde Berg mit allen seinen Schluchten;
Schon tut das Meer sich mit erwärmten Buchten
Vor den erstaunten Augen auf.
Doch scheint die Göttin endlich wegzusinken;
Allein der neue Trieb erwacht.
Ich eile fort, ihr ew'ges Licht zu trinken,
Vor mir den Tag und hinter mir die Nacht,
Den Himmel über mir und unter mir die Wellen.
Ein schöner Traum, indessen sie entweicht. (V.1073-89)

Ich habe diese etwa dreißig Jahre früher geschriebene Szene so ausführlich zitiert, da aus ihr hervorgeht, wie sich die fast mit den gleichen Worten gezeichnete Ideallandschaft für Goethe mit seinem Wunsch nach innerer Erneuerung verband. In dieser früheren Passage kommt sie zweimal unmittelbar ins Wort: „neues Leben“ und „neuer Trieb“. An beiden Stellen verbindet sich das neue Leben mit der Erwähnung der Buchten, hier der „erwärmten Buchten“ und in Homunculus' Traumdeutung der „still- und feuchten“ Buchten.[44] Diese Landschaft ist Ziel des träumenden Faust, dem er im 2. und 3. Akt stufenweise näherkommen wird.

Sie ist ebenso das Ziel des Menschleins in der künstlichen Hülle, das es nach seiner Feuergeburt zum Wasser zieht, um endlich zu entstehen. So geht es denn ab durch die Lüfte zur Peloponnes, zwei Sehnsüchtige und ein widerstrebender Mephisto, der sich im christlichen Norden wohler fühlt.

In der klassischen Walpurgisnacht ist viel heute veralteter Bildungsstoff, viel ein Leben lang angesammeltes literarisches und kunstgeschichtliches Material, allerdings klar gegliedert nach dem Metamorphosen-Prinzip, Riesiges oder Uraltes gegenüber dem Kleinsten und Jüngsten, Mephistos Gelände immer zackig-vulkanisches Felsgestein, Faust auf seiner Suche immer in der Nähe des

[44] Am 14. Februar 1769 schreibt Goethe aus Frankfurt seinem verehrten Lehrer A. F. Oeser in Leipzig über das vergangene halbe Jahr und seine lebensbedrohliche Krankheit: „Wenn Sie jemand fragt: ... wo ist er denn jetzt?' Seit dem August in seiner Stube, bei welcher Gelegenheit er bis an die große Meerenge, wo alles durch muß, eine schöne Reise getan hat. Er wird uns Wunderdinge davon erzählen können.“ (WA IV, 1, S. 204). Goethe hat also offenbar schon als Neunzehnjähriger dieses Bild als Durchgang zum Tode und, so dürfen wir annehmen, zum Leben, in seiner Vorstellungswelt gehabt.

Gewässers am unteren Penaios, anfangs mit einer erneuten Spiegelung jenes *locus amoenus*, der Leda-Szene:

> Der Blick dringt scharf nach jener Hülle,
> Das reiche Laub der grünen Fülle
> Verbirgt die hohe Königin.
> Wundersam! Auch Schwäne kommen
> Aus den Buchten hergeschwommen ...

Fausts Weg ist zusammengefaßt in der Frage:

> Und sollt' ich nicht, sehnsüchtigster Gewalt,
> Ins Leben ziehn die einzigste Gestalt? (V. 7438/9)

Nach dem ersten Drittel verschwindet Faust aus dem zweiten Akt, Mephisto nach dem zweiten Drittel; übrig bleibt Homunculus. Diesem Kleinen wachsen auf der Stufenleiter seines Menschwerdegangs zunächst neue „Blätter" zu in Gestalt zweier griechischer Philosophen, in denen sich Vulkanismus und Neptunismus verkörpern, die beiden einander entgegengesetzten Theorien über die Entstehung der Erdgestalt, die seit etwa 1810 die Gemüter bewegten. Goethe war, wie könnte es anders sein, seinem ganzen evolutionären Denken und Empfinden nach Neptunist: „Alles ist aus dem Wasser entsprungen," wird Thales sagen, und: „Im Feuchten ist Lebendiges entstanden." Goethes Gewährsmann Lorenz Oken hatte seinem 1819 erschienenen Hauptwerk das Motto vorangestellt: „Lasset uns Menschen machen!". Oken sah das Urmeer als eine „Weltgebärmutter", die eine dem menschlichen Mutterleib entsprechende Wassertemperatur besessen habe. Spekulationen Okens über die Entstehung menschlichen Lebens aus dem Wasser lehnte Goethe ab.[45] Er setzte dafür seine morphologische Auffassung: „Die Natur, um zum Menschen zu gelangen, führt ein langes Präludium auf von Wesen und Gestalten, denen noch gar sehr viel zum Menschen fehlt. In jedem aber ist eine Tendenz zu einem Anderen, was über ihm ist, ersichtlich."[46] Die Theorie von der Folge der Lebewesen hatte sich

---

[45] Vgl. Schöne, a. a. O., S. 493.

[46] Goethes Gespräche, hrsg. v. Herwig Biedermann, Zürich 1969, Bd. II, S. 158, zu Riemer, 23. (od. 20.) November 1806. In seiner Einführung zur Morphologie weist Goethe auf die Zusammenarbeit mit Herder zur Zeit von dessen Arbeit an den „Ideen" hin und schreibt: „Unser tägliches Gespräch beschäftigte sich mit den Uranfängen der Wasser-Erde, und der darauf von alters her sich entwickelnden organischen Geschöpfe. Der Uranfang und dessen unablässiges Fortbilden ward immer besprochen und unser wissenschaftlicher Besitz, durch

in Goethe seit 1784 gefestigt, als er nach langen Beobachtungen den Zwischenkieferknochen im Menschen entdeckte, os intermaxiliare, noch heute auch als os goethiensis bezeichnet. Auf Grund dieser Entdeckung und der daraus folgenden Morphologie bezeichnete Darwin in seinem Hauptwerk 1859 Goethe als „einen extremen Parteigänger ähnlicher Ansichten" wie seiner eigenen.

Der Feuerphilosoph erhält von Homunculus eine klare Absage, obwohl dieser ihm eine veritable Berggeburt vorgeführt hatte,[47] von den Sphinxen beobachtet:

Nun erhebt sich ein Gewölbe
Wundersam. Es ist derselbe,
Jener Alte, längst Ergraute,
Der die Insel Delos baute,
Einer Kreißenden zulieb'
Aus der Wog' empor sie trieb.
Er, mit Streben, Drängen, Drücken
Arme straff, gekrümmt den Rücken,
Wie ein Atlas an Gebärde,
Hebt er Boden, Rasen, Erde,
Kies und Gries und Sand und Letten,
Unsres Ufers stille Betten.[48]

Abschließend brüstet sich Seismos:

Jetzt so, mit ungeheurem Streben
Drang aus dem Abgrund ich herauf

Und fordre laut zu *neuem Leben*,
Mir fröhliche Bewohner auf. (V.7570-3)

---

wechselseitiges Mitteilen und Bekämpfen, täglich geläutert und bereichert." (WA II, 6, S. 20).

[47] Kurt May, Faust II. Teil. In der Sprachform gedeutet, München 1962, hebt bei der Beschreibung dieser Stelle mit ihrer Häufung einer gedrängten Folge von Konsonanten den Klangcharakter des Knirschens, Rauschens, sich-Reibens hervor und fährt dann fort: „Wenn dann die Sphinxe das letzte Andrängen und Durchbrechen des Seismos durch die widerstrebende Kruste, den Vorgang des Zerreißens in ihren Versen beschreiben, so ... rollt dann die Sprache in einer Menge von r-Lauten dahin, und zwar meist solchen, die an einer zweiten Stelle im Wortganzen stehen und von einem vorhergehenden Konsonanten hervorgedrückt, herausgepreßt werden" (S. 144).

[48] Thales hält dem eines von Goethes Glaubensbekenntnissen entgegen: „Nie war Natur und ihr lebendiges Fließen/ /Auf Tag und Nacht und Stunden angewiesen./ Sie bildet regelnd jegliche Gestalt,/ Und selbst im Großen ist es nicht Gewalt."

Übereilung ist das Reizwort, das für den Dichter unausgesprochen über dieser Nacht- und Nebelaktion des Seismos liegt, ebenso wie über dem Krieg, den die neuen Bewohner des Berges, die Pygmäen, gegen die dort schon länger ansässigen Reiher anzetteln, um des Goldes willen. Statt neuen Lebens ein teuflischer Kreislauf:

> Doch jener Mordgeschosse Regen
> Schafft grausam- blut'gen Rachesegen,
> Erregt der Nahverwandten Wut
> Nach der Pygmäen frevlem Blut. (V. 7892-5)

Nach so viel vulkanischem Aufruhr und Gewalt eilen Homunculus und Thales noch entschiedener dem „heitern Freudenfeste" zu, das nun als „Blüte" die Metamorphose dieses Aktes krönen wird.

Auffallend ist da zunächst der Raum und seine Bezeichnung als „Felsbuchten des ägäischen Meeres". Eine frühere Lesart lautete nur „Buchten", von Goethe selber in „Felsbuchten" korrigiert.[49] Das meint doch wohl, daß es ihm hier auf Synthese ankommt, sowohl des vulkanischen wie des flüssigen Elements, wie auch im Sinne der Metamorphose, das Eingehen der Vertikalen und Horizontalen in die Kreisform mit engem Ausgang. Eine zweite, kleinere Überschrift heißt: „Mond im Zenith verharrend." Es ist also Nacht, und die Zeit steht still. Das gibt es nur in einem fiktiven Raum, wie er auch gleich anfangs im Gesang der Sirenen sprachlich beschworen wird, mit Wörtern, wie Goethe sie seit der Schillerzeit für die Kunstebene, den Bereich des Scheins, parat hat.

> Blicke ruhig von dem Bogen
> Deiner Nacht auf Zitterwogen
> Mildeblitzend Glanzgewimmel
> Und erleuchte das Getümmel. (V. 8037-40)

Hinzu kommt, daß Goethe sich diese gesteigerte Szene gesungen dachte, denn die Oper ist für ihn, den an der „Zauberflöte" Geschulten, Sublimierung menschlicher Zustände; gerade die extreme Unwahrscheinlichkeit dieses Genres stellt den Künstler an die „Schwelle der Überkultur, er gibt eine Quintessenz der Menschheit."[50] In diesen erweiterten geistigen Raum strömen nun die Figuren ein „in kreisenden Schwunges Bewegung" (V. 8427) aus Lüften und Grüften,

[49] S. WA I, 15/2, S. 59.
[50] HA XII, S. 511.

Kleines, wie die Kabiren, „Sehnsuchtsvolle Hungerleider/ Nach dem Unerreichlichen“ (V. 8204-5); alt und jung, Väter und Töchter, uralt Mythisches verflochten in das Kunstgewebe des eigenen, späten Mythos vom Homunculus. Was diesem Menschlein in all seinem Geistesgefunkel in schützend künstlicher Hülle zum „Entstehen“ noch gefehlt hat, ist eine Liebeserfahrung, wie sie sich nun ereignen wird. Alle Teilnehmer dieses Festes sind Liebende in der einen oder anderen Art. Vaterliebe, Gattenliebe, zärtliche oder stürmische Liebe – und überall wimmelt es nur so von Delphinen! Die Tritonen sind selber noch halb Mensch, halb Delphin; die Doriden reiten „sämtlich auf Delphinen“, so die Regieanweisung; und schließlich erscheint die lieblichste der Meernymphen, die schöne Galatee, auf ihrem von der zyprischen Venus ererbten Muschelthron, von Delphinen gezogen, einschwingend in die ewigen Kreise.

Und nun die Apotheose. Angesichts all dieser Werdelust drängt es Homunculus danach, endlich wahrhaft zu entstehen, den Worten des Thales folgend:

> Gib nach dem löblichen Verlangen
> Von vorn die Schöpfung anzufangen!
> ...
> Da regst du dich nach ewigen Normen
> Durch tausend, abertausend Formen
> Und bis zum Menschen hast du Zeit.

Und Proteus vollendet:

> Komm geistig mit in feuchte Weite,
> Da lebst du gleich in Läng' und Breite. (V.8321-8)

Synthese also, aller vier Elemente, aller fünf Sinne. Mit mächtigem Geleuchte und „herrlichem Getön“ wirft sich Homunculus an Galatees Muschelthron.

> *Nereus*
> Welch neues Geheimnis in Mitte der Scharen
> Will unseren Augen sich offengebaren?
> Was flammt um die Muschel, um Galatees Füße?
> Bald lodert es mächtig, bald lieblich, bald süße,
> Als wär' es von Pulsen der Liebe gerührt.
>
> *Thales*
> Homunculus ist es, von Proteus verführt.
> Es sind die Symptome des herrischen Sehnens,
> Mir ahnet das Ächzen beängsteten Dröhnens;
> Er wird sich zerschellen am glänzenden Thron;
> Jetzt flammt es, nun blitzt es, ergießet sich schon.

Sirenen
Welch feuriges Wunder verklärt uns die Wellen,
Die gegen einander sich funkelnd zerschellen?
So leuchtet's und schwanket und hellet hinan:
Die Körper sie glühen auf nächtlicher Bahn,
Und ringsum ist alles vom Feuer umronnen;
So herrsche denn Eros der alles begonnen! (V. 8464-79)

Für diesen höchsten Augenblick des Festes hatte sich Proteus in einen Delphin verwandeln müssen; denn nun, da des Homunculus künstliche Hülle, die *Phiole*, in einem fulminanten, Geist und Leben in sich vereinigenden Zeugungsakt zerschellt ist, kann er sich in den Felsbuchten des ägäischen Meeres auf dem Rücken des Proteus-Delphin, dieser natürlichen Hülle, dem Ozean „vermählen" und „die Schöpfung von vorne" anfangen.[51]

Im zweiten Akt des zweiten Teils erleben wir das Bildwerden der Goetheschen Utopie einer Erneuerung des Menschen aus der Natur, Verjüngung eines verstandeslastigen Wesens durch Kräfte der Natur und der Liebe. Im Helena-Akt geht es um das Wiedergewinnen der antiken Schönheit durch den nordischen Geist. Was von der Vereinigung der Liebenden in der Höhle und von Euphorion am Ende bleibt, ist Helenas Schleier, Symbol künstlerischer Formkräfte, aus denen der Mensch sich immer wieder zu erfrischen vermag.

Faust treffen wir nochmals als Hundertjährigen am Ende des fünften Aktes bei seinem letzten Irrtum, als er beim Geklirr der Spaten glaubt, sein großes Werk der Landgewinnung sei vollendet, während in Wahrheit Mephistos Lemuren sein Grab schaufeln. Die letzte Szene des Faust II heißt „Bergschluchten". Die „Felsbuchten" des Eros-Festes verbanden das vulkanische mit dem neptunischen Element, das Vertikale mit dem Horizontalen. „Bergschluchten" enthält

[51] In Dorothea Lohmeyers gründlichem, natur- und mythengeschichtlich betonten Kommentar zum Homunculus-Akt heißt es zu dieser Stelle: „Als Delphin tritt Proteus in den Ozean ein, indem er sich ‚verwandelt'. Als Delphin - Chiffre des Vermittelnden zwischen Mensch und Fisch – als Delphin wieder selber dem Element angehörend, nimmt er Homunculus auf seinen Rücken und trägt ihn in das verwandelnde Element. Das Entstehen des Homunculus wird hier als Verkörperlichung zu einer bestimmten animalischen Form beschreibend vorweggenommen, um sich am Ende des Meeresfestes als Liebesvereinigung der Elemente von Feuer und Wasser zu ereignen." D.L., Faust und die Welt. Der zweite Teil der Dichtung, München 1975, S. 276. Schönes Kommentar zu V. 8317: Proteus-Delphin: „Die Verwandlung in den Delphin ... mag man als leise Vordeutung auf den erotischen Charakter des Ausgangs verstehen: zu Galatea wird Homunkulus getragen, damit er sich dem Ozean ‚vermähle'", a. a. O, S. 571.

ausschließlich vertikale Elemente; „Schluchten", Reimwort für „Buchten", läßt (nach meinem Dafürhalten) noch einmal die Gebärmutterform erkennen, jetzt Hülle, die sich von der Tiefe zur Höhe erstreckt, als enger Durchgang für die letzte in dieser Dichtung zum Gleichnis gewordene Stufe einer erneuernden Umgestaltung. Überall ereignet sich ewiges Werden, sogar die Landschaft gerät in ekstatische Bewegung. Wald, Fels, Wassersturz sind „Liebesboten"; sie verkünden „was ewig schaffend uns umwallt." Hier wird Bild, was Goethe einmal als den „Grund meiner ganzen Existenz" bezeichnet, nämlich die „reine, tiefe, angeborene und ausgeübte Anschauungsweise, die mich Gott in der Natur, Natur in Gott zu sehen unverbrüchlich gelehrt hatte."[52] Hier ist denn auch die eigentliche Nahtstelle dieser letzten Szene zum „Prolog im Himmel", wo „Der Herr" am Ende zu den Engeln sagt:

> Das Werdende, das ewig wirkt und lebt,
> Umfaß euch mit der Liebe holden Schranken. (V. 376-7)

Denn die Natur, wie sie hier in einer durch Dichtung zu Geist verwandelten Form gezeigt wird, ist Echo dieser Zeile: sie wird zum „heiligen Liebeshort", dem übersinnlichen Ort, wo das „offenbare Geheimnis" von Gestaltung / Umgestaltung „mit Augen geschaut" werden kann.

Daß eine so schwer in Irrtum und Schuld verstrickte menschliche Existenz wie die Fausts überhaupt diesen Verwandlungsprozess durchmachen darf, hängt mit Goethes Auffassung vom Menschen zusammen. 1829 sagt er zu Eckermann: „Die Überzeugung unserer Fortdauer entspringt mir aus dem Begriff der Tätigkeit; denn wenn ich bis (an) mein Ende rastlos wirke, so ist die Natur verpflichtet, mir eine andere Form des Daseins anzuweisen, wenn die jetzige meinen Geist nicht ferner auszuhalten vermag."[53] Oder 1827 zu Zelter: „Die entelechische Monade muß sich nur in rastloser Tätigkeit erhalten; wird ihr diese zur anderen Natur, so kann es ihr in Ewigkeit nicht an Beschäftigung fehlen."[54] Diese Hoffnung des alten Goethe im Verein mit bereits in der Jugend aufgenommenem Gedankengut (Wiederbringungslehre) muß den Spruch der Engel rechtfertigen, mit dem diese Fausts Unsterbliches begrüßen:

> Wer immer strebend sich bemüht,
> Den können wir erlösen. (V. 11936-7)

---

[52] HA XII, S. 511.
[53] 7. Februar 1829.
[54] 19. März 1827.

Aber was leicht vergessen wird, gegenüber dem Gewicht dieser Stelle, ist der Zuruf des Pater Seraphicus an die Seligen Knaben:

> Daß ein Liebender zugegen,
> Fühlt ihr wohl, so naht euch nur. (V. 11903-4)

Daß Faust ein zumindest sehnend Liebender war, können wir ihm wohl zugestehen. Die Engel jedenfalls schließen ihn nicht von der „allmächtigen Liebe" aus, wenn sie fortfahren:

> Und hat an ihm die Liebe gar
> Von oben teilgenommen,
> Begegnet ihm die selige Schar
> Mit herzlichem Willkommen. (V. 11938-41)

Auf den sieben Seiten der „Bergschluchten" begegnet das Wort „Liebe" vierzehnmal. Es ist offenbar das Grundwort, auf dem die ganze Szene beruht.

Wer aber sind diese „seligen Scharen", die in der „höchsten Region" die Liebesbotschaft verkünden? Unmittelbar aus der Werkstatt des Dichters aus den allerletzten Schaffenstagen an Faust stammt folgende Bemerkung zu Eckermann: „Übrigens werden Sie zugeben, daß der Schluß, wo es mit der geretteten Seele nach oben geht, sehr schwer zu machen war, und daß ich, bei so übersinnlichen, kaum zu ahnenden Dingen, mich sehr leicht im Vagen hätte verlieren können, wenn ich nicht meinen poetischen Intentionen durch die scharf umrissenen christlich kirchlichen Figuren und Vorstellungen, eine wohltätig beschränkende Form und Festigkeit gegeben hätte."[55] Ein endloser Forscherstreit hat sich bis heute aus diesem Schluß ergeben, da die christliche Fraktion ihn und damit Faust, und damit Goethe, so gern für sich gerettet hätte. Aber Goethe ist nicht Wissenschaftler oder Theologe, sondern Künstler. Seine poetische Intention für den Faust brauchte vorgefundene mythische Figuren, an die der Leser gewisse Assoziationen knüpft, die aber durch den Kontext offen sind für die nur diesem Werk eigenen Zusammenhänge und Anklänge; auf diese reagierend wird die Einbildungskraft „wohltätig beschränkt". Es ist doch wohl so, daß alles, was hier an „weiblicher Symbolik" zur Sprache kam, von der pflanzlichen Hülle über die Delphine bis zur Mater gloriosa als höchster Ausprägung, eine Art Stufenleiter des Weiblichen vorführt. Dies wird m. E. gestützt von dem geheimnisvollen Ausspruch Goethes, den Riemer notiert: daß

---

[55] 6. Juni 1831.

er das Ideelle „unter einer weiblichen Form oder unter der Form des Weibes konzipiert.“[56] In den 90er Jahren war der Faustforschung aufgefallen, daß der zweimalige Zusatz „Göttin“ (dea), mit dem Goethe im Faust die Marienanbetung erweitert, in der katholischen Marienliturgie nirgendwo zu finden, ja undenkbar ist. Dort sind die Attribute der Heiligen immer nur „Jungfrau“, „Mutter“, „Königin“ (mater, virgo, regina). Daraus folge, daß jenes „Göttin“ der Schlußverse (V. 12102/3) eine poetisch bewußte Hinzufügung Goethes sei, seine eigene, vor allem „dramaturgische Bildklammer“ für die Fausthandlung und deren Weltsicht.[57] Demgemäß habe Goethe sich im Faust II seinen eigenen „Olymp“ geschaffen, angefangen bei den Müttern als mythischen Gottheiten. Von diesen Urkräften ewiger Gestaltung/Umgestaltung in Natur und Kunst geht es dann stufenweise über Galatea, Tochter der Venus, „als Göttin verehrt“ (V. 8147), über Helena, „den Göttern ebenbürtig“ (V. 7440), bis zu jenem „Göttin“-Attribut der Mater gloriosa. In deren unmittelbarer Nähe befindet sich „una poenitentia, sonst Gretchen genannt“. Diese spricht aus, was in „Bergschluchten“ mit Fausts Unsterblichem geschehen ist:

> Vom edlen Geisterchor umgeben
> Wird sich der *Neue* kaum gewahr,
> Er ahnet kaum das *frische Leben,*
> So gleicht er schon der heiligen Schar.
> Sieh, wie er jedem Erdenbande
> Der alten *Hülle* sich entrafft
> Und aus ätherischem Gewande
> Hervortritt erste *Jugend*kraft.

Darauf antwortet die Mater gloriosa:

> Komm, hebe dich zu höhern Sphären
> Wenn er dich ahnet, folgt er nach.

---

[56] 24. November 1809.

[57] Diese Gedankengänge wurden veröffentlicht von Hans Schwerte in: Sprachkunst, Beiträge zur Literaturwissenschaft, Jahrgang XXI/1990, 1. Halbband, Der Schluß von Goethes ‚Faust'. Die Szene ‚Bergschluchten', Wien 1990, S. 129-43, bes. S. 131-35. Schöne vermutet weitere Quellen für den Dea-Zusatz, sieht aber ebenso die aufsteigende Linie der „Liebesgöttinnen“ von Galatee bis zur Mater gloriosa. Auch Michael Neumann hat diesen Zusammenhang erkannt, wenn er darauf hinweist, daß die Mater gloriosa selbst als „Göttin“ angerufen werde, als göttliche Mutter. Damit verbinde sich ihre Nennung mit der antiken „Göttin“ Galatee: a. a. O., S. 304.

Und der Chorus mysticus kommt zum FINIS:

Alles Vergängliche
Ist nur ein Gleichnis;
Das Unzulängliche
Hier wird's Ereignis;
Das Unbeschreibliche
Hier ist es getan;
Das Ewig-Weibliche
Zieht uns hinan. (V.12084-111)

Wir haben uns jetzt lange mit der Dichtung beschäftigt. Enden möchte ich mit einem Bezug zum Leben. Am 24. April 1830 notiert Kanzler von Müller: „Auf meine Bemerkung, daß er (Goethe) über Reisen sonst anders gedacht, sagt er: ‚Ei, bin ich denn darum achtzig Jahre alt geworden, daß ich immer dasselbe denken soll? Ich strebe vielmehr, täglich etwas anderes, Neues zu denken, um nicht langweilig zu werden. Man muß sich immerfort verändern, erneuen, verjüngen, um nicht zu verstocken'."

V

Das Blau erlogner Meere

Wirkungen des West-östlichen Divan auf Gottfried Benn

Edgar Lohner in memoriam

Benn und Goethe – man mag sich fragen, was diese beiden Dichter denn wohl verbindet, denkt man bei Benn doch zunächst an dessen erbarmungslose Demontage eines ausgehöhlten Pseudoidealismus. Zeilen aus früheren Gedichten wie folgende sprechen für sich:

> Man hat uns belogen und betrogen
> Mit Gotteskindschaft, Sinn und Zweck... („Alaska")

Oder, in direkter Anspielung auf Goethe:

> Koppheister hier mit Sinntendenzen
> Das sonnenhafte Auge zu,
> Hier gelten Affentranszendenzen
> Und Blindekuh. („Puff")

So war es nicht weiter erstaunlich, daß sich beim Erscheinen des Briefwechsels zwischen Benn und dem Bremer Kaufmann F. W. Oelze unter dem Datum des 27. Januar 1936 folgendes fand: „Gestern las ich [Goethes] Novelle. Ungemein gespannt, langsam, Wort für Wort. Herr Oelze, und nun ein Wort, auf jede Gefahr hin: ist nicht vielleicht diese Novelle etwas lächerlich? ... Betrachten Sie das Ganze: wilde Tiere brechen aus einer Menagerie aus u. alles verläuft harmonisch! Das Säuseln eines Knaben besänftigt die Natur ... der Löwe ist ein friedliches Tier, im Grunde!, alles ist friedlich: im Grunde! Es muß nur ein Knabe mit der Flöte kommen! Sehr richtig! Aber er kommt eben nicht. Geschwätz! ... Geheimratsbehaglichkeit! ... Immer wieder, Herr Oelze: gigantisch das Ganze, aber faul! ... Eigentlich ein Hund, dieser Goethe. Er wußte doch, daß er Schwindel treibt u. daß er rein aus eigenem Ruhebedürfnis ... so schrieb. Ich sagte Ihnen ja schon einmal: abgefeimt!“[1]

Die Medien stürzten sich auf diese Stelle. Ihr Ton entspricht offenbar einer weitverbreiteten Erwartungshaltung zu Benn / Goethe. Im 1982 erschienenen Reclambändchen mit Erläuterungen zu Goethes „Novelle“ wird Benns Brief zitiert und mit den Worten verallgemeinert, hier habe Benn „dem Dichter der ‚Novelle‘ das schneidendste Urteil gesprochen.“[2]

Man fragt sich, wie sich Benns „Novellen“ - Kritik mit ganz anders gearteten Aussagen über Goethe verträgt, besonders im 1932 einsetzenden Briefwechsel mit Oelze, einem Goethekenner von hohen Graden. Da heißt es zum Beispiel: „Ja, Goethe über alles und immer!“ (8. November 1950). Oder: „Wie wenig tiefe Worte gibt es in der Welt, eigentlich weiß ich nur von Goethe einige, von Lao Tse und von Christus.“ (19. Februar 1946.) Oder: „Es ist der 22. März – Goethes Todestag, ein Ereignis, das ich nie ohne Rührung an mir vorübergehen lasse. Er – dies Geheimnis! Goethe und Nietzsche ... diese beiden sind es, die ich anbetend in mir trage.“ (22. März 1947). Solche verehrenden Äußerungen durchziehen Benns Werk und Briefe wie ein roter Faden. Aber wieso dann die Attacke gegen die „Novelle“?

Tatsächlich ist Benns Goethebild ambivalent. In frühen Arbeiten benutzt er hier und da die undifferenzierte, etwas verfettete Bildungsbürgervorstellung von Goethe als einer Art „Balkongott“, nur um diesen dann mit gezielter Pointe um so sicherer abzuschießen; und so zeugt ja auch der Novellenbrief an den sehr bremischen Herrn Oelze von einem hohen Grad an berlinischer Lust an pointierter Provokation. Die Zahl solch mokanter Stellen ist jedoch verschwindend gering gegenüber der Fülle von Erwähnungen Goethes, wo dieser „abgefeimte“, aber auch „geliebte olympische Urgroßvater“ – wie er ihn gern nennt – beschworen wird, um sich immer wieder an ihm zu definieren.[3]

Für Benn war Goethe „immer Besitz“ gewesen. Ein Augenzeuge sagt über den jungen Arzt in Brüssel 1916, er habe „den Kopf voll mit Griechenland und Goethe“ gehabt.[4] Durch die Arbeit an dem großen Aufsatz über „Goethe und

---

[1] Vgl. Gottfried Benn, Briefe an F. W. Oelze, Wiesbaden und München 1977, 21. Oktober 1935, 27. Januar 1936, 6. Februar 1936, 21. Januar 1940.

[2] Goethe, Novelle. Erläuterungen und Dokumente, hrsg. von Christian Wagenknecht, Stuttgart 1982 (RUB, 8159), S. 99.

[3] S. auch Gottfried Benn, Gesammelte Werke Bd. 1 - 4, hrsg. von Dieter Wellershoff, Wiesbaden 1959 (künftig: Werke), Bd. 2, S. 136; Bd. 1, S. 554.

[4] Benn – Wirkung wider Willen, hrsg. von Peter Uwe Hohendahl, Frankfurt am Main 1971, S. 203.

die Naturwissenschaften" zum Gedenkjahr 1932 hat sich dies Verhältnis offenbar noch vertieft. Benn, der für sich und seine Generation kategorisch verfügt hatte: „Gesamtschau, Totalitätsbetreuung, Lebenseinheit, Harmonie, das lehnte ich ab"[5] – dieser Repräsentant eines modernen nihilistischen Grundgefühls entwickelt hier in bewundernder Einfühlung Goethes Ganzheitsdenken. Diesem Denken liegt die Idee zugrunde, daß in der Welt der Erscheinungen im kleinsten Teil die Idee des Ganzen immer schon enthalten ist. Goethe ist, laut Benn, immer auf der Suche, „der großen formenden Hand nächste Spuren zu entdecken".[6] Indem er für Goethe Partei ergreift, stellt Benn dieser Sicht die anti-goethesche, zerstückelnde Welt der Zahlen und Begriffe gegenüber, kurz: die Welt der modernen Naturwissenschaft. Der Naturwissenschaftler Benn verurteilt aufs schärfste das unter dem Deckmantel der Objektivität einhergehende „Verwertungsdenken" der modernen Realwissenschaften. Angesichts der Tatsache, daß die moderne Physik die Auflösung des physikalischen Raumes und eine Relativierung der bisherigen Begriffe von Raum, Zeit und Kausalität herbeigeführt hat, fragt Benn, ob man sich bei der „Wiedergewinnung eines natürlichen, eines um den Menschen zentrierten Weltbildes" heute wieder auf Goethe berufen könne. Er beantwortet die Frage mit Ja. Für Benn beginnt geradezu die „Ablehnung des europäischen Intellektualismus ... bei Goethe": „Sein Kampf gegen Newton war der Kampf gegen die instrumental und formelhaft erzeugte Welt." Ihre Autoritäten fordern von ihr nur noch: „Prophezeihungen zu ermöglichen ... Erfolge berechnen, Chancen kalkulieren –: das hat mit Erkenntnis gar nichts mehr zu tun, das sind reine Geschäftsprinzipien ... Goethe sah die Natur ohne Verwertungsspekulationen, antik, großartig und ohne die späte zivilisatorische Aufteilung in Idee und Realität."[7] So wird Goethes „affektgeführtes Denken" von Benn zum Zeugnis aufgerufen bei seinem eigenen, affektgeladenen Kampf gegen die fortschreitende Verhirnung des modernen Menschen.

Es ist in diesem Rahmen unmöglich, genauer auszuführen, worin Goethe und die Moderne im allgemeinen sowie Benn im besonderen sich unterscheiden. Ich möchte hier nur ein paar Stichworte geben. Es geht vor allem um den Begriff der Wirklichkeit. Für Goethe war die gegenständliche Wirklichkeit unbezweifelt. Im goethischen Auge treffen Innen und Außen ausgewogen aufeinander. Das Auge als ein beseelter, „sonnenhafter" Sinn ist befähigt, die Ganzheit, das Göttliche in der Natur zu entdecken. In der „Farbenlehre" heißt es: „Das Auge hat sein Dasein dem Licht zu danken. ... so bildet sich das Auge

---

[5] Werke, Bd. 2, S. 212.
[6] Werke, Bd. 1, S. 166.
[7] Ebenda, S. 185f., 614f.

am Lichte fürs Licht, damit das innere Licht dem äußeren entgegentrete."[8] Diesem Blick entsprechend entwickelte Goethe seinen symbolischen Stil, wo Innen und Außen einander spiegeln, wo das Besondere das Allgemeine repräsentiert.

Schon bei Kant, bei Schiller, in hohem Maße dann bei den Romantikern ging diese Ausgewogenheit verloren. Es vollzog sich eine Gewichtsverlagerung zugunsten des Innen, des subjektiven Bewußtseins. Je mehr der Verlust der Wirklichkeit und eines übergeordneten Absoluten fortschreitet, desto stärker wird dem Ich die eigene Verlorenheit bewußt. Dieser Prozeß zeichnet sich seit der Mitte des 19. Jahrhunderts in der französichen Dichtung ab. Er tritt in Deutschland erst um 1900 allgemeiner ins Bewußtsein, unter anderem durch die Veröffentlichung der „Morgue"- Gedichte Gottfried Benns von 1912. Diesem modernen Dichter ist der Blick nach außen verschlossen, das Auge ist „erloschen", „die Pupille steht nach innen."[9] „Wir sehen nur noch unsichtbare Dinge", schreibt Benn am 6. Juli 1938 an Oelze. „Die sichtbaren sind ausgelöscht für unseren Blick. Ein früherer Blick sah ... die Dinge, vergrößerte ihre Fläche durch geschliffene Gläser, koncentrierte sie durch Linsen –: wir verstreuen sie, reflectieren sie ins Schattenhafte." Aber der Wirklichkeitsverlust ist auch ein Gewinn an schöpferischer Freiheit: der nach innen gerichtete Blick durchstößt perspektivisch, querschnittartig Räume und Zeiten. Er stellt im Kunstwerk neue Wirklichkeiten her. Dieser Blick ist „mit Mysterien beladen, von jenen frühen Völkern her, die noch den Ursprung in sich trugen"[10]. Für dieses „halluzinierende Ich" sind die „endogenen Bilder" eine „letzte Glücksmöglichkeit". Dieses Ich kennt keine Wirklichkeit außerhalb des menschlichen Bewußtseins, das „unaufhörlich aus seinem Schöpfungsbesitz Welten bildet, umbildet, ... erleidet, geistig prägt."[11]

Lyrisches Thema wird dieser Blick unter dem „Schattenzwang" innerer Bilder zum Beispiel im Gedicht „Gewisse Lebensabende I", einem der Künstlergedichte Benns, in denen eigene Problematik im Blick auf einen Großen der Vergangenheit zum Ausdruck kommt:

Gewisse Lebensabende I

Du brauchst nicht immer die Kacheln zu scheuern, Hendrickje,
mein Auge trinkt sich selbst
trinkt sich zu Ende – ,

---

[8] HA XIII, S. 323.
[9] Werke, Bd. 1, S. 19.
[10] Ebenda, S. 81.
[11] Werke, Bd. 1, S. 81, 343; Bd. 4, S. 68.

aber an anderen Getränken mangelt es – ,
dort die Buddhastatue,
chinesischen Haingott,
gegen eine Kelle Hulstkamp,
bitte!

Nie etwas gemalt
in Frostweiß oder Schlittschuhläuferblau
oder dem irischen Grün,
aus dem der Purpur schimmert –,
immer nur meine Eintönigkeit,
mein Schattenzwang –,
nicht angenehm,
diesen Weg so deutlich zu verfolgen.

Größe – wo?
Ich nehme den Griffel
und gewisse Dinge stehn dann da
auf Papier, Leinwand
oder ähnlichem Zunder –
Resultat: Buddhabronze gegen Sprit – ,
aber Huldigungen unter Blattpflanzen,
Bankett der Pinselgilde –:
Was fürs Genre –!

... Knarren,
Schäfchen, die quietschen,
Abziehbilder
Flämisch, rubenisch
Für die Enkelchen –!
(ebensolche Idioten –!)

Ah – Hulstkamp –
Wärmezentrum,
Farbenmittelpunkt,
mein Schattenbraun –
Bartstoppelfluidum um Herz und Auge –.

Der „Rausch“ (Hulstkamp, Sprit) befördert mit Transzendenz geladene Bilder (Buddhastatue, Haingott), Wirklichkeit ist dabei nicht vonnöten; an „Schlittschuhläuferblau“ (der Genremaler) und „anderen Getränken“ (wirklichen) mangelt es; im Zusammenwirken von Rausch und Handwerkszeug (Griffel etc.) entsteht das Kunstprodukt. Die inneren Bilder treten in Erscheinung, werden zu künstlerischem Schein, zu leuchtendem (Zunder), in die Fläche (Leinwand) verlagertem Ausdruck. So durchzieht die von Nietzsche übernommene Antinomie von Leben und Geist das ganze Gedicht, Geist verstanden als Quelle und Wirkung künstlerischer Produktion.

Welten scheinen Goethe und Benn zu trennen. Unbezweifelbare Wirklichkeit hier, das „sonnenhafte Auge“ spiegelt das Universum; totaler Wirklichkeitsverlust dort, der Blick nach innen gerichtet, das sonnenhafte Auge zu. Worin liegt nun aber die große Faszination, die Goethe trotz allem Anderssein auf Benn ausübte? Im „Doppelleben“ heißt es: „Man hört jetzt oft die Frage nach einem ‚richtigen‘ Goethebild. Das wird es nicht geben. Man muß sich damit begnügen, daß hier etwas ins Strömen geraten ist, das verwirrt..., aber an die Wüste gewordenen Ufer Keime streut. ... das ist die Kunst.“[12] Dies ist das Entscheidende: daß hier Kunst entsteht, Ausdruck, Schein, nicht Leben, sondern Geist.

Es ist nicht meine Absicht, zu untersuchen, ob oder wieweit Benns subjektives Goethebild sich von der Goetheforschung objektivieren ließe. Es geht mir in erster Linie um die Bennsche Sicht, um die Faszination, die der Künstler Goethe auf den Künstler Benn ausübte. Ich glaube aber – und das wird zu zeigen sein – , daß sich von da aus neue Einblicke auch in bestimmte Goethegedichte gewinnen lassen.

Am 21. November 1935 schreibt Benn an Oelze wie so oft über die Geist-Leben-Problematik, über die „andere Welt, die Ausdruck ist“, in der es „leuchtet“, „glänzt“, „funkelt“. Der Künstler sei das Material, „aus dem das Elmsfeuer kommen kann, aus dem die Erscheinung steigen wird, in der Spiel und Notwendigkeit im Ausgleich liegt, Gestaltschaffen und Vernichten, Formerweckung und rastloses Vermischen, zeitliches Material und äußerste Expression ... Sagen wir also: Goethe, die Vollendung.“ In solchen Sätzen findet über alles Trennende hinweg Identifikation statt, und zwar sowohl mit Goethes künstlerischer Produktion wie mit gewissen psychischen Gegebenheiten seiner künstlerischen Existenz. Für Benn ist Goethe einer der großen Männer, die „seit Jahrhunderten nur die eine innere Aufgabe empfunden [hatten], ihren Nihilismus zu bekämpfen und zu verschleiern.“[13] Benn sieht in Goethe den „Kunstträger“, der das Leben ausschließen, „es verengen, ja bekämpfen“ muß, „um es zu stilisieren“. Goethe war „als Mensch unter Menschen unmöglich“. Er „troff von Schweigen und Gebären, ging ruhig wie ein Nashorn und ölig wie ein Nilpferd, ohne sich umzuschaun über die Erde. Er mußte die Gefühle, die Räusche, denen die anderen sich menschlich überlassen durften, formen,

---

[12] Werke, Bd. 4, S. 160.

[13] An Oelze, 5. März 1937 und Werke, Bd. 2, S. 146f.; vgl. Wolfgang Butzlaff, Gottfried Benn und Goethe, in: Goethe-Jahrbuch 103 / 1986, S. 241.

das heißt härten und kalt machen". Aber gleich wichtig in diesem Zusammenhang ist Benns Hinweis auf Goethes Satz: „leidend lernte ich viel". Denn beide Dichter wußten, daß die „Wärme" des Leidens der „Kälte" des Formens vorausgeht.[14]

Diese Äußerungen machen klar, wie sehr sich Benn mit Goethe als Künstler verbunden fühlte, wie sehr ihn die Parallelen berührten. Immer wieder beruft sich Benn auf Nietzsches „Artistenevangelium", also den Glauben an die „Kunst als letzte metaphysische Tätigkeit". Artistik als „Versuch der Kunst, innerhalb des allgemeinen Verfalls der Inhalte sich selber als Inhalt zu erleben und aus diesem Erlebnis einen neuen Stil zu bilden."[15] Er sagt: „Auch Goethe sehen wir hier stehen. Seine ‚Iphigenie' ist sachlich und politisch absolut unnatürlich. Daß jemand in Weimar sitzt zwischen den Hof- und Biedermeier-Leuten und die eminenten Verse an den Weg des Todes dichtet, für diesen Grad des Unnatürlichen gibt es gar kein Wort. Hier wirken weitab liegende, innere, seit der Antike arthafte ästhetische Gesetze."[16]

Helmut Brackert resümiert 1963 in seinem Aufsatz über Goethe und Benn: „So siedelt für Benn also schon Goethe auf Nietzsches ‚Olymp des Scheins'. Goethe wäre also ein frühes Beispiel einer artistischen Ausnutzung des Nihilismus? So sieht es Benn in der Tat und zeichnet in die Züge Goethes sein Selbstbildnis."[17] Ich frage: nur sein Selbstbildnis? Oder entdeckt Benn als sensibler und übrigens sehr belesener Künstler in Goethe bestimmte Züge, die anderen bisher verborgen blieben? Ich lasse diese Frage noch offen.

Benn zitiert in „Altern als Problem für Künstler" einen Satz aus Goethes „Maximen und Reflexionen", vor dem er Stunden seines Lebens verbracht habe: „Auf ihrem höchsten Gipfel scheint die Poesie ganz äußerlich. Je mehr sie sich ins Innere zurückzieht, ist sie auf dem Wege zu sinken." Benn fährt dann fort: „Was soll das heißen? Ich muß also mein Inneres verleugnen, düpieren, Farcen mit ihm treiben, dies ist die Voraussetzung für Poesie, was ist diese dann eigentlich noch? Zauber, Seiltrick, Nichts und darüber Glasur?"[18] Goethes Satz ist in der Tat mehrdeutig. Er bezieht sich vermutlich auf das eigene „gegenständliche Denken", das Erscheinen der Idee im Wirklichen; oder er meint im Sinne Schillers, daß in großer Kunst die Form den Inhalt ganz „vertilgt" haben sollte, wogegen das Überwuchern des Inhalts Zeichen sei für

[14] An Oelze, 16. November 1936 und Werke, Bd. 1, S. 82, 586f.
[15] Werke, Bd. 1, S. 500.
[16] Ebenda, S. 292.
[17] Helmut Brackert, Nicht mehr Stirb und nicht mehr Werde. Zu Gottfried Benns Goethe-Bild, in: Festgabe für Ulrich Pretzel, hrsg. von W. Simon u. a., Berlin 1963, S. 296.
[18] Werke, Bd. 1, S. 577.

einen Mangel an künstlerischer Bewältigung. Aber ganz gleich, was Goethe gemeint haben mag – Benn versteht dieses *äußerlich* als Synonym für Ausdruck, Oberfläche, für Schein im Sinne Nietzsches. Nietzsches Verständnis dieses Begriffs läßt überraschende Übereinstimmungen mit Schillers Auffassung in seinen Briefen zur ästhetischen Erziehung erkennen, wie Edgar Lohner in seinem Buch „Schiller und die moderne Lyrik" eindringlich nachgewiesen hat. Nietzsche wie Schiller sehen nach Lohner in der Kunst des Scheins nicht nur den Gegensatz „zwischen Realität und Idealität ausgesöhnt, sondern der betrachtende Mensch wie der schaffende Künstler erfahren, befreit von aller gegenständlichen Verhaftung, durch den im Kunstwerk potenzierten Schein ihr ursprüngliches Sein, ihre Identität. ... Im Schein wird die metaphysische Befriedigung eines unruhevollen Daseins gefunden. Diesen die moderne Dichtung kennzeichnenden Zug hat Schiller ... vorweggenommen. Die Autonomie der Kunst, ihr Ausschließlichkeitsanspruch und ihre heilende Funktion zeichnen sich bei ihm bereits deutlich ab."[19] Auch für Goethe war die ästhetische Kategorie des Scheins – spätestens seit Italien – von großer Wichtigkeit. Manches übernahm er später direkt von Schiller, anderes wurde von ihnen gemeinsam erarbeitet.[20] Ein erneutes Bemühen um diese Kunstgesetze fällt in die Zeit der Entstehung des „West-östlichen Divan".

Ich gehe nun von den theoretischen Äußerungen zu den dichterischen Zeugnissen über. Dabei kann ich aus der Fülle des Materials nur einzelnes herausstellen. Zunächst ein Benn-Gedicht:

Auf deine Lider senk' ich Schlummer

Auf deine Lider senk' ich Schlummer,
auf deine Lippen send' ich Kuß,
indessen ich die Nacht, den Kummer,
den Traum alleine tragen muß.

Um deine Züge leg' ich Trauer,
um deine Züge leg' ich Lust,
indes die Nacht, die Todesschauer
weben allein durch meine Brust.

Du, die zu schwach, um tief zu geben,
du, die nicht trüge, wie ich bin, –
drum muß ich abends mich erheben
und sende Kuß und Schlummer hin.

---

[19] Edgar Lohner, Schiller und die moderne Lyrik, Göttingen 1964, S. 29, 31.

[20] Vgl. Wolfgang Kayser, Die Vortragsreise, Bern 1958, S. 118 und Goethe, Märchen, hrsg. und erl. von Katharina Mommsen, Frankfurt/M. 1984 (Insel-Taschenbuch, 825), S. 210ff.

Und nun ein anderes Liebesgedicht:

Hochbild

Die Sonne, Helios der Griechen,
Fährt prächtig auf der Himmelsbahn,
Gewiß, das Weltall zu besiegen,
Blickt er umher, hinab, hinan.

Er sieht die schönste Göttin weinen,
Die Wolkentochter, Himmelskind,
Ihr scheint er nur allein zu scheinen;
Für alle heitre Räume blind

Versenkt er sich in Schmerz und Schauer,
Und häuf'ger quillt ihr Tränenguß;
Er sendet Lust in ihre Trauer
Und jeder Perle Kuß auf Kuß.

Nun fühlt sie tief des Blicks Gewalten,
Und unverwandt schaut sie hinauf;
Die Perlen wollen sich gestalten:
Denn jede nahm sein Bildnis auf.

Und so, umkränzt von Farb' und Bogen,
Erheitert leuchtet ihr Gesicht,
Entgegen kommt er ihr gezogen;
Doch er, doch ach! Erreicht sie nicht.

So, nach des Schicksals hartem Lose,
Weichst du mir, Lieblichste, davon;
Und wär' ich Helios der Große,
Was nützte mir der Wagenthron?

Das zweite Gedicht stammt aus dem „Buch Suleika" des „West-östlichen Divan". Die Ähnlichkeit, vor allem der dritten Strophe, ist erstaunlich. Das gleiche Metrum, vierhebige Jamben, die gleichen alternierenden männlichen und weiblichen Endungen, sogar der Gleichklang, die gleichen Reimworte, bei beiden auch der zärtlich-wehmütige Klang der aus der Sicht des Mannes empfundenen Unvereinbarkeit einer Liebe.

Wir haben es hier mit einem Kuriosum zu tun, das nicht viel mehr bedeutet, als daß Benn wohl dieser Ton im Ohr war, der, wenn die Stunde kommt, zu etwas Eigenem anverwandelt wird. 1952 schreibt Benn an Max Rychner, daß er sich nun zum vierten Mal in seinem Leben mit dem „Divan" beschäftigt habe.[21] Benn gesteht aber auch, zu dem Werk als Ganzem keinen rechten Zugang gefunden zu haben, was nicht verwundert angesichts seiner Prädisposition zum eigenen Stil der assoziativen Reihung. Nachdem Oelze ihm einmal den symbolischen Gehalt eines anderen Goethegedichts gedeutet hatte, antwortet Benn etwas unwirsch: „Ich bin nicht dafür, daß ich bei Gedichten immer noch etwas dazudenken soll (‚symbolisch'), ich will lieber das Ganze aufnehmen und entweder wirft es mich um oder das erfolgt nicht ... Schönheit ist nicht symbolisch, Schönheit ist."[22] Umso erstaunlicher ist die Tatsache, daß sich etwa zwei Drittel aller Äußerungen Benns über Goethe auf den „Divan" beziehen. Das kann doch kein Zufall sein! Auch wird höchstens Benns erste Lektüre als vermutlich ganz junger Mann auf die Anregungen des Divan-Verehrers Nietzsche zurückgegangen sein. Zweifellos hat ihn vieles Schöne im „Divan" ganz einfach „umgeworfen", symbolisch oder nicht-symbolisch. Daß Benn auch vom Stil bestimmter Divan-Gedichte affiziert wurde, ging bereits deutlich aus der Ähnlichkeit beider Liebesgedichte hervor.

Goethe hatte in seinem „Divan" einen neuen Stil entwickelt, in der Auseinandersetzung mit der orientalischen Poesie, aber auch mit Calderón und der Romantik. Im Divan-Gedicht „Lied und Gebilde" setzt er diesen Stil gegen die plastischen Gebilde der Griechen ab, also gegen seinen eigenen klassischen Stil, und bezeichnet das Neue als Hin- und Widerschweifen im „flüß'gen Element". In den „Noten und Abhandlungen" unterstreicht er die vom Dichter geforderte „Besonnenheit", also Bewußtheit. Er betont, daß der „Geist vorzüglich dem Alter oder einer alternden Weltepoche" zugehöre (Benn würde sagen: Spätzeit), woraus „Übersicht des Weltwesens und Ironie" resultieren. Die orientalischen Dichter haben, so Goethe, „alle Gegenstände gegenwärtig und beziehen die entferntesten Dinge leicht aufeinander."[23] Diese Eigentümlichkeiten des Divan-Stils, das Hin- und Herwogen zwischen Sinnlichem und Übersinnlichem, das Verknüpfen des Kleinsten mit dem Größten, waren wohl dafür verantwortlich, daß das gesamte 19. Jahrhundert mit Ausnahme Hegels und der hellsichtigen Artisten Heine und Nietzsche nichts mit dem „Divan" anzufangen wußte. Noch zu Beginn des 20. Jahrhunderts waren Exemplare der Erstausgabe von 1819 bei Cotta erhältlich. 1905 bezeichnet dann der erste große Divan-Forscher, Konrad Burdach, den „Divan"-Stil als „eminent modern"[24]. Und 1943 sagt Max Kommerell, hier habe „die Sprache in sich selbst eine

---

[21] Gottfried Benn, Ausgewählte Briefe, Wiesbaden 1957, S. 242.
[22] An Oelze, 19. Juni 1950.
[23] HA II, S. 165.
[24] Konrad Burdach, Vorspiel. Gesammelte Schriften zur Geschichte des deutschen Geistes, Bd. 2, Halle 1926, S. 358.

Möglichkeit der Verzauberung entdeckt, die dem Dichter ... eine völlig neue, brilliante, ja gauklerische Sprachbewegung ermöglicht: Wirkliches ist dafür nur Vorwand." Wiederum ist es Kommerell, der den Nachweis führt, daß Goethe seit dem „Divan" neben dem symbolischen einen „Moment-Stil" entwickelt habe, der mit Hilfe bewußter Verstöße gegen Satzbau und Grammatik, gegen Kausalität und Zeitfolge „Durchblicke" (Perspektiven) herstellt, wie sie m. E. dem assoziativen (punktuellen) Stil Benns durchaus vergleichbar sind. Hier bietet sich zweifellos eine Erklärung für Benns Divan-Faszination an.[25]

Wenn Goethe in seinem großen Eingangsgedicht zum „Divan", der „Hegire", die Flucht antritt in den „reinen Osten", um dort durch die Beschwörung einer Frühzeit der Menschheit in „des Ursprungs" Tiefe zu dringen, so ist das die gleiche geistige Bewegung wie bei Benn; auch er flieht vor dem Leiden an der eigenen Spätzeit in die dichterische Beschwörung jener „frühen Völker, die noch die Urzeit, den Ursprung in sich trugen" („Zur Problematik des Dichterischen").[26] In „Hegire" heißt es:

Wo sie noch von Gott empfingen
Himmelslehr' in Erdesprachen
Und sich nicht den Kopf zerbrachen
...

Will mich freun der Jugendschranke:
Glaube weit, eng der Gedanke
...

Will mich unter Hirten mischen
An Oasen mich erfrischen
...

Dem entsprechen Benns Klagen über die zunehmende Verhirnung des Menschen, etwa im Gedicht „Ikarus": „Ich bin der Stirn so satt", oder in „Verlorenes Ich": „Die Welt zerdacht". Und vor allem denkt man wohl an die beiden Schlußstrophen dieses Gedichts:

Ach, als sich alle einer Mitte neigten
und auch die Denker nur den Gott gedacht,
sie sich den Hirten und dem Lamm verzweigten,
wenn aus dem Kelch das Blut sie rein gemacht,

---

25 Max Kommerell, Gedanken über Gedichte, Frankfurt am Main 1956, S. 128ff., 276ff. Vgl. dazu auch Heinz Otto Burger, Von der Struktureinheit klassischer und moderner deutscher Lyrik; in: Burger / Grimm, Evokation und Montage, Göttingen 1961, bes. S. 15.

26 Werke, Bd. 1, S. 81.

und alle rannen aus der einen Wunde,
brachen das Brot das jeglicher genoß -,
oh ferne zwingende erfüllte Stunde,
die einst auch das verlor'ne Ich umschloß.

Beide Dichter stehen in einer europäischen Denktradition – der eine am Anfang, der andere am Ende – , die als Gegenbewegung zum Rationalismus der Aufklärung begonnen hatte. Um die Mitte des 18. Jahrhunderts verkündete im deutschen Sprachraum Herder den Aufruhr gegen die intellektuelle und vernünftelnde Überalterung seiner Zeit. Er erhoffte Verjüngung im Denken und Dichten seiner Gegenwart aus der Wiederaneignung früher Kulturen, seien sie nun griechischen, germanischen oder orientalischen Ursprungs. Seine Anregungen wurden unmittelbar aufgenommen von Goethe bis zu den Romantikern und mittelbar, als vorhandene geistige Überlieferung, bis hin zu Benn, nun als traum- und rauschhafter Beschwörungszauber, als letztes artistisches Bewahren eines für die Erziehung der Menschheit endgültig Verlorenen.

Ich komme nun noch einmal zu dem Divan-Gedicht „Caravane". Es muß Benn besonders fasziniert haben. Es ist das Einleitungsgedicht zum „Buch des Unmuts", hieß zunächst „Caravane", blieb aber schon im Erstdruck von 1819 ohne Titel.

„Wo hast du das genommen?
Wie konnt'es zu dir kommen?
Wie aus dem Lebensplunder
Erwarbst du diesen Zunder,
Der Funken letzte Gluthen
Von frischem zu ermuthen?"

Euch mög' es nicht bedünkeln
Es sei gemeines Fünkeln;
Auf ungemess'ner Ferne,
Im Ocean der Sterne,
Mich hatt' ich nicht verloren,
Ich war wie neu geboren.

Von weißer Schafe Wogen
Die Hügel überzogen,
Umsorgt von ernsten Hirten,
Die gern und schmal bewirthen,
So ruhig' liebe Leute,
Daß jeder mich erfreute.

In schauerlichen Nächten,
Bedrohet von Gefechten;
Das Stöhnen der Kamele
Durchdrang das Ohr, die Seele,
Und derer die sie führen
Einbildung und Stolziren.

Und immer ging es weiter,
Und immer ward es breiter,
Und unser ganzes Ziehen
Es schien ein ewig Fliehen,
Blau, hinter Wüst' und Heere,
Der Streif erlogner Meere.

Hugo von Hofmannsthal rechnet dieses Gedicht in seinem Aufsatz von 1913 unter die zehn schönsten Gedichte des „Divan". Rudolf Alexander Schröder meint 1942 in einem Goetheaufsatz, es gehöre zu den wenigen Dichtungen, in denen uns der Dichter einen Blick in die tragischen Abgründe seiner Selbstironie habe werfen lassen. Die erste und letzte Strophe empfindet Schröder als von „schneidender Heftigkeit", wie sie im Gesamtwerk Goethes kaum ihresgleichen hätten. Die Schlußstrophe führe uns „mit eindringlicher Beredsamkeit an die schauerliche Grenze des Nichts, in den Hades der Selbstauflösung."[27]

Ausführlich beschäftigt sich nur Katharina Mommsen mit dem Gedicht. Sie widmet ihm eine ihrer höchst aufschlußreichen Quellenuntersuchungen, in diesem Falle der 1802 erschienenen Übersetzung der Moallakat von Anton Theodor Hartmann. Katharina Mommsen weist nach, daß Goethe sich bei der Darstellung des ‚Beduinen-Zustandes' in den zwei mittleren Strophen genauer faktischer Grundlagen aus Hartmanns Einleitung und Übersetzung bediente und zeigt weitgehende Übereinstimmungen in der Wort- und Bildwahl mit der Quelle auf. Sie sieht das „Rätsel" des „Caravane"-Gedichts in seiner Stellung im „Buch des Unmuts" dadurch gelöst, daß hier die Neugeburt, die Verjüngung ganz durch das Eintauchen in den „Beduinen-Zustand" zu erklären sei. Dadurch münde in der letzten Strophe alles in die Wanderschaft ein, als Aufbruch, als neue Beweglichkeit, als Wiedererwachen des Goetheschen Kampfgeistes, woraus sich zugleich die Position des Gedichts im „Buch des Unmuts" erkläre.[28]

---

[27] Rudolf Alexander Schröder, Gesammelte Werke, Bd. 2, Frankfurt am Main 1952, S. 536.
[28] Katharina Mommsen, Goethe und die Moallakat, 1960, S. 38-58. Vgl. oben, S. 32.

Meine eigene Deutung des Gedichts entfernt sich nur scheinbar von meinem Thema, der Wirkung Goethes auf Benn. Ingeborg Hillmann hat 1965 nachgewiesen, daß im „Divan“ das Thema Dichtung zu einem entscheidenden formenden Prinzip des Zyklus wird. Sie zeigt auf, daß die Bildwelt der vier Elemente aufs engste mit dem Poetik-Thema verknüpft wird und in immer neuer Mischung Lehrmeinung über Dichtung vermittelt.[29] Dabei beziehen sich die Bilder aus dem Umkreis des Feuers mehr auf den seelischen Rohstoff, aus dem erst durch Verbrennung neues Leben, neuer Geist, neue Form entstehen können. Im Gedicht „Lied und Gebilde“ heißt es:

Löscht‘ ich so der Seele Brand,
Lied es wird erschallen;

Dementsprechend die Bilder der ersten Strophe des Caravane-Gedichts: hier wird aus dem „Lebensplunder“ durch „Zunder“ etwas gewonnen, das aus „letzten Gluthen“ frische Funken schlägt. In fast identischer Wortwahl wird das Verjüngungsmotiv schon im Gedicht „Nachbildung“ des „Buchs Hafis“ behandelt. Hier finden sich in einer Strophe: „Funke“, „entzünden“, „Flammen“, „glühn“, „erloschen“, „Sternenhallen“, „Gluthen“, „ermuthen“. Im folgenden Gedicht geht es dann um die „neue Form“, die jener „toten Form“ ein Ende macht. Da im „Divan“ „jegliches auf jegliches deutet“ (Hofmannsthal), sollte bei den Brand-Metaphern in „Caravane“ das „Lied“, also die Dichtung, mitgehört werden.

In der zweiten Strophe erinnern Prägungen wie „Auf ungemeßner Ferne“ und „Ocean der Sterne“ an das Divan-Gedicht „Unbegränzt“, dessen berühmte Anfangszeilen von Gottfried Benn immer wieder geradezu leitmotivisch zitiert werden:

Daß du nicht enden kannst, das macht dich groß,
Und daß du nie beginnst, das ist dein Loos.
Dein Lied ist drehend wie das Sterngewölbe,
Anfang und Ende immerfort dasselbe,

Die Bilder von der „ungemeßnen Ferne“ und dem „Ocean der Sterne“ sind im „Divan“ sowohl ein Hinweis auf die Weite der orientalischen Poesie, auf ihre Religiosität, wie auch auf die Gefahr, sich im Unbegrenzten (Unwirklichen) zu verlieren. – Im Caravane-Gedicht geschieht im Wort Ocean der Übergang zur Bildebene „des flüß’gen Elements“: Das Wasser und die ihm zugeordneten

[29] Ingeborg Hillmann, Dichtung als Gegenstand der Dichtung, Bonn 1965, bes. S. 35ff., S. 48.

vielfältigen Bilder wie „Meer", „Euphrat", „Tropfen", „Tränen" stehen für den lebendigen Urstoff orientalisch-goethescher Poesie. Aufschlußreich ist in diesem Zusammenhang ein Brief, den Goethe nur wenige Wochen vor der Entstehung des Caravane-Gedichts, am 11. Januar 1815, an Knebel schreibt: „... geht man aber einmal ernstlich [in den Orient] hinein, so ist es vollkommen, als wenn man ins Meer geriete. ... Indessen ist es doch auch angenehm, in einem so breiten Elemente zu schwimmen und seine Kräfte darin zu üben". Ein Jahr später, am 25. Mai 1816, verweist er Riemer gegenüber auf die rettende Möglichkeit: „Brächte man nicht aber soviel Form mit sich, so wäre man verloren". Für dieses Formen findet er im Gedicht „Lied und Gebilde" das Bild vom geballten Wasser:

> Schöpft des Dichters reine Hand,
> Wasser wird sich ballen.

Für die Polarität von unendlichem Stoff und gerundeter, geballter Form ist eines der häufigsten und wichtigsten Bilder des „Divan" das der vom Meer an den Strand geworfenen dichterischen „Perlen". Eine solche Perle „glänzt / ... mit holdem Blick und mildem Schein". Damit ist das Wort gefallen, das einen Schlüssel zum Verständnis des Caravane-Gedichts liefert. Denn ich meine, daß wir in diesem Gedicht sozusagen auf dem Rücken der Kamele schaukelnd von Hügel zu Hügel, von Welle zu Welle getragen, daß wir aus realer Begrenzung geradewegs in den unbegrenzten Schein befördert werden. Zwar bringen die dritte und vierte Strophe die auf der Moallakat-Übersetzung beruhende Beschreibung des begrenzenden Beduinen-Zustands, aber selbst diese wird umschlossen von Hinweisen auf die Scheinwelt, nämlich von dem Bild „Von weißer Schafe Wogen" mit seiner Wellen-Assoziation und dem mehrdeutigen Wort „Einbildung". Dieses Wort weist in Verbindung mit „Stolziren" sowohl auf das Übermut-, das Prahl- und Kaisermotiv hin als auch auf das „Weltenschaffen", das im „Divan" Kaiser und Dichter verbindet, wobei das dichterische Weltenschaffen eben im Bereich der Einbildungskraft vor sich geht. Hier „dehnt sich mein Geist erobernd aus", heißt es im „Buch Suleika". Der Charakter des Traum- und Trughaften wird im Caravane-Gedicht auch mit klangmalerischen Mitteln hervorgebracht: die großen, jeweils einen einzigen Satz umfassenden Strophenbögen kommen wie Wellen heran; die ausschließlich weiblichen Endreime unterstützen den wiegenden Rhythmus. Die gesamte Bewegung des Gedichts läuft auf die letzte Strophe zu. Hier wird das Klangmuster der breiten ei-, ie-, ü- und ee- Laute nur in zwei Wörtern durchbrochen. Es sind eben die beiden Wörter, die das Gedicht so „modern" klingen lassen: „blau" und „erlogen".

Mit großer Verdichtungskunst werden in dieser Strophe im Bild der Fata morgana alle bisherigen Anklänge des Gedichts zusammengefaßt. Das Bild vereinigt alle vier Elemente in sich: das Feuer in der Hitze der Wüste, die Erde im Wüstensand und schließlich die das flüssige Element vortäuschende Luftspiegelung, deren Wesen es ist, daß sie Schein ist. – Übrigens findet sich dieses Bild schon in einem am 3. April 1808 an Bettina Brentano gerichteten Brief, in dem Goethe ihr für einen ihrer Berichte (für „Dichtung und Wahrheit“) dankt und ankündigt, daß sie „gelegentlich eine phantastische Abspiegelung ... in einer *fata morgagna* zu sehn kriegen“ [Hervorhebung M. L.] werde. Schon hier also benutzt Goethe das gleiche Bild als Synonym für „Schein“, ein Beweis, daß ihm dieser Begriff auch nach Schillers Tod stets gegenwärtig ist, wenn es um die Gestalt-Ebene geht.

Die „erlognen Meere“ sind „blau“. In der „Farbenlehre“ heißt es: „Diese Farbe ... ist in ihrer höchsten Reinheit gleichsam ein reizendes Nichts ... eine blaue Fläche“ [scheint] „vor uns zurückzuweichen ... Das Blaue gibt uns ein Gefühl von Kälte, so wie es uns auch an Schatten erinnert. ... Das Meergrün ist vielmehr eine liebliche Farbe“.[30] Also nicht liebliches Meergrün zeigen diese erlognenen Meere, sondern kaltes, leeres, fliehendes Blau. Nichts – und darüber Glasur? Die Nähe zu dem modernen Dichter drängt sich hier geradezu auf. Beginnend mit Schillers „heiterem Blau“ in den „Regionen / Wo die reinen Formen wohnen“ („Das Ideal und das Leben“), führt der Weg dieser Farbe als Ausdruck eines ins Metaphysische reichenden Seelenzustands über die Romantik, Hölderlin und die französischen Symbolisten zum deutschen Expressionismus, insbesondere zu Lasker-Schüler, Trakl und Benn. Dieser spricht in einer bekannten Stelle der „Probleme der Lyrik“ von Blau als dem „Südwort schlechthin“, von einer „Befreundung für Blau, welch Glück, welch reines Erlebnis!“[31] In „Soll die Dichtung das Leben bessern?“ sagt er: „Ich glaube, daß sie [viele Menschen heute, M. L.] in einer erbarmungslosen Leere leben, unablenkbar fliegen da die Pfeile, es ist kalt, tiefblau, da gelten nur die Strahlen, da gelten nur die höchsten Sphären, und das Menschliche zählt nicht dazu.“[32]

---

[30] HA XIII, S. 498.

[31] Werke, Bd. 1, S. 512.

[32] Ebenda, S. 592. – Vgl. auch Lohner (Anm. 19), passim; Edgar Lohner, Passion und Intellekt. Die Lyrik Gottfried Benns, Neuwied a. Rh. 1961, bes. S. 214-221; Reinhold Grimm, Gottfried Benn. Die farbliche Chiffre in der Dichtung, Nürnberg ^{2}1962; Angelika Overath, Das andere Blau, Stuttgart 1987; Monika Lemmel, Poetologie in Goethes West-östlichem Divan, Heidelberg 1987.

Noch einmal zurück zu der Wendung von den „erlognen Meeren", die einen sogleich an Nietzsche und Thomas Mann denken läßt. Schon im Divan-Gedicht „Anklage" im „Buch Hafis" wird der Dichter als „Lügner" bezeichnet:

...
Was er sagt, wird er nicht halten.

Doch sein Lied man läßt es immer walten, ...

In „Faust II" wird die Poesie die „liebliche Lüge" genannt, „glaubhafter als Wahrheit".[33] Und in „Wilhelm Meisters Lehrjahre" bezeichnet Serlo die hohe Schauspielkunst „als diese innere Stärke des Geistes, wodurch ganz allein der Zuschauer getäuscht wird, diese erlogene Wahrheit, die ganz allein Wirkung hervorbringt."[34] Wenn man dann noch bedenkt, daß Schiller in den „Künstlern" dem in die Sinnenwelt verbannten Menschen die Schönheit mitgibt, damit sie „mit lieblichem Betruge / Elysium auf seine Kerkerwand" male, dann liegt der Schluß auf der Hand, daß die beiden Freunde in ihren theoretischen Unterhaltungen sich bereits auf solcherart Formeln für den „schönen Schein" geeinigt hatten. Im Caravane-Gedicht antwortet Goethe auf den fiktiven Vorwurf der ersten Strophe, ob nicht die neue Divan-Kunst nur „gemeines Fünkeln" sei, indem er den Leser sowohl die Gefahr als auch den Reiz der Wüste und ihrer Erscheinungen erleben läßt und ihn im Bild der Fata morgana in den entgrenzenden Bereich der Einbildungskraft hineinführt.

Zu dieser Interpretation wurde ich von niemand anderem angeregt als von Gottfried Benn selbst, der offenbar Goethes Verse aus dem „Buch des Unmuts" nicht nur kannte, sondern sie in einem ähnlichen Sinne verstanden hat. An einer Lebenswende, nach dem Erkennen seiner fatalen politischen Verstrikkung, zieht er am 7. Oktober 1935 Oelze gegenüber ein großes Resümee: „Kommt dann noch einmal die große Stunde, das Strömen, der Blick – gut ... Wer sieht hinter die Dinge? ... Man baut den Regenbogen, aus Perlen jene Brücke, eine reine Fata morgana, einen Wüstenspuk, u. am Rande lagern die Kameele." Also: Divan-Bilder, Bilder des Caravane-Gedichts, identisch gesetzt mit der Kunst des (nicht mehr „schönen") Scheins; und zehn Jahre später, mitten im Zusammenbruch, heißt der Schlußabsatz vom „Roman des Phänotyp": „Aber über dem Preußentum ... erhebt sich eine europäische Oberfläche, die ferne leuchtet, die die andere Welt, der Olymp des Scheins, ... Ausdruck, umfangarm, nur den eigenen Schatten als Tiefe; die Perlenschnüre

---

[33] V. 9642f.
[34] HA VII, S. 309.

müssen ihm genügen, die er dreimal um einen Hals legt, und dann läßt er sie verrinnen. Löwe und Kind beieinander, die die Muhmen immer trennen.“[35] Zu dieser Zeit also erscheint Benn bereit, selbst Goethes „Novelle“ zum Zeugnis für die eigene Kunstanschauung aufzurufen.

Ich schließe mit Worten, die Benn kurz vor seinem Tode auf einen Zettel kritzelte: „Wenn ich anfange, etwas über Goethe zu lesen, beginnt es immer mit Zittern, so sehr erregt mich immer wieder diese Erscheinung, immer wieder die Angst, vor solche Überwältigungen treten zu müssen, denen man schlechterdings nicht gewachsen ist.“[36]

---

[35] Werke, Bd. 2, S. 204.
[36] Aus dem persönlichen Besitz von Ilse Benn, Wolfschlugen.

ANALYSEN UND DOKUMENTE

Beiträge zur Neueren Literatur

Begründet von Norbert Altenhofer †
Herausgegeben von Leonhard M. Fiedler

Band 1 Heinz Lunzer: Hofmannsthals politische Tätigkeit in den Jahren 1914-1917. 1981.

Band 2 Ingrid Eggers: Veränderungen des Literaturbegriffs im Werk von Hans Magnus Enzensberger. 1981.

Band 3 Dieter Mank: Erich Kästner im nationalsozialistischen Deutschland. 1933-1945: Zeit ohne Werk? 1981.

Band 4 Eberhard Fahlke: Die 'Wirklichkeit' der Mutmaßungen. Eine politische Lesart der *Mutmassungen über Jakob* von Uwe Johnson. 1982.

Band 5 Brigitte Bender: Ästhetische Strukturen der literarischen Landschaftsbeschreibung in den Reisewerken des Fürsten Pückler-Muskau. 1982.

Band 6 Alois Münch: Bertolt Brechts Faschismustheorie und ihre theatralische Konkretisierung in den *Rundköpfen und Spitzköpfen.* 1982.

Band 7 Werner Kurzawa: Analytische Aspekte der literarischen Wertung. Zur Werturteilsfrage in der philosophischen, sozialwissenschaftlichen und literaturwissenschaftlichen Diskussion. 1982.

Band 8 Peter Christian Lang: Literarischer Unsinn im späten 19. und frühen 20. Jahrhundert. Systematische Begründung und historische Rekonstruktion. 1982.

Band 9 Robert Weninger: Arno Schmidts Joyce-Rezeption 1957-1970. Ein Beitrag zur Poetik Arno Schmidts. 1982.

Band 10 Hildegard Hummel: Rudolf Borchardt. Interpretationen zu seiner Lyrik. 1983.

Band 11 Bernd Willim: Urbild und Rekonstruktion. Zur Bedeutung von Schleiermachers Konzept der Literaturauslegung in der aktuellen Diskussion um eine materiale Hermeneutik. 1983.

Band 12 Herbert Gutjahr: Zwischen Affinität und Kritik. Heinrich Heine und die Romantik. 1984.

Band 13 Hendrik Balonier: Schriftsteller in der konservativen Tradition. Thomas Mann 1914-1924. 1983.

Band 14 Gerhard A. Schulz: Literaturkritik als Form der ästhetischen Erfahrung. Eine Untersuchung am Beispiel der literaturkritischen Versuche von Samuel Taylor Coleridge und August Wilhelm Schlegel über das Shakespeare-Drama *Romeo und Julia.* 1984.

Band 15 Winfried Happ: Nietzsches *Zarathustra* als moderne Tragödie. 1984.

Band 16 Michèle Pauget: L'interrogation sur l'art dans l'oeuvre essayistique de Hugo von Hofmannsthal. Analyse de configurations. 1984.

Band 17 Bernhard Uske: Geschichte und ästhetisches Verhalten. Das Werk Wolfgang Koeppens. 1984.

Band 18 Abdo Abboud: Deutsche Romane im arabischen Orient: Eine komparatistische Untersuchung zur Rezeption von Heinrich Mann, Thomas Mann, Hermann Hesse und Franz Kafka. Mit einem Überblick über die Rezeption der deutschen Literatur in der arabischen 'Welt'. 1984.

Band 19 Lynne Tatlock: Willibald Alexis' *Zeitroman Das Haus Düsterweg* and the *Vormärz.* 1984.

Band 20 Ehrhard Marz: Goethes Rahmenerzählungen (1794-1821). Untersuchungen zur Goetheschen Erzählkunst. 1985.

Band 21 Manfred Steinbrenner: "Flucht aus der Zeit"? Anarchismus, Kulturkritik und christliche Mystik – Hugo Balls "Konversionen". 1985.

Band 22 Bettina Dessau: Nathans Rückkehr. Studien zur Rezeptionsgeschichte seit 1945. 1986.

Band 23 Bärbel Kuehn: Kindergeschichte, Spiel und Parabel. Untersuchungen zu kurzen Prosatexten um 1970. 1987.

Band 24 Yoriko Sakurai: Mythos und Gewalt. – Über Hugo von Hofmannsthals Trauerspiel "Der Turm" –. 1988.

Band 25 Gabi Ziegler-Happ: Das Spiel des Stils. Interpretation von Goethes Stilbegriff vor dem Hintergrund von Schillers Spieltheorie. 1988.

Band 26 Gabriele Metzger: Liebe als Rollen-"Spiel". Eine Motivuntersuchung. 1990.

Band 27 Anne Barbara Gerken: Die sprachtheoretische Differenz zwischen Gottsched und Gellert. 1990.

Band 28 Thomas Lindner: Die Modellierung des Faktischen. Heinar Kipphardts *Bruder Eichmann* im Kontext seines dokumentarischen Theaters. 1990.

Band 29 Marina Stadler: Rollenbewußtsein und Subjektivität. Eine literartypologische Untersuchung politischer Memoiren am Beispiel von Otto von Bismarcks "Erinnerung und Gedanke". 1991.

Band 30 Norbert Altenhofer: "Die Ironie der Dinge". Zum späten Hofmannsthal. 1995.

Band 31 Karin Wolgast: Die Commedia dell'arte im Wiener Drama um 1900. 1993.

Band 32 Jörg Bong: "Die Auflösung der Disharmonien". Zur Vermittlung von Gesellschaft, Natur und Ästhetik in den Schriften Karl Philipp Moritz'. 1993.

Band 33 Severin Perrig: Hugo von Hofmannsthal und die Zwanziger Jahre. Eine Studie zur späten Orientierungskrise. 1994.

Band 34 Kerstin Schönfeld: Königtum im Blickpunkt. Der multiperspektivische Ansatz in Shakespeares Historienspielen *Richard II* und *Henry IV.* 1996.

Band 35 Joëlle Stoupy: *Maître de l'heure.* Die Rezeption Paul Bourgets in der deutschsprachigen Literatur. Hermann Bahr, Hugo von Hofmannsthal, Leopold von Andrian, Heinrich Mann, Thomas Mann und Friedrich Nietzsche. 1996.

Band 36 Sylvia Brandt: BRAVO! & BUM BUM! Neue Produktions- und Rezeptionsformen im Theater der historischen Avantgarde: Futurismus, Dada und Surrealismus. Eine vergleichende Untersuchung. 1995.

Band 37 Ulrich Hackenbruch: Sachliche Intensitäten. Walter Serners "erotische Kriminalgeschichten" in ihrer Epoche. 1996.

Band 38 Jürgen Sandhop: Die Seele und ihr Bild. Studien zum Frühwerk Hugo von Hofmannsthals. 1998.

Band 39 Karin Hartleib-Monnet: Zwischen Literatur und Politik. Die Wochenzeitung Vendredi 1935-1938. 1999.

Band 40 Bond Johnson: The Mode of Parody. An Essay at Definition and Six Studies. 2000.

Band 41 Peter Queckbörner: "Zwischen Irrsinn und Verzweiflung". Zum erweiterten Kulturbegriff der Zeitschrift *Die Schaubühne/Die Weltbühne* im Ersten Weltkrieg. 2000.

Band 42 Karin Ceballos Betancur: Egon Erwin Kisch in Mexiko. Die Reportage als Literaturform im Exil. 2000.

Band 43 Jeang-Yean Goak: Die Ich-Problematik in E.T.A. Hoffmanns *Die Elixiere des Teufels*. Eine psychoanalytische Untersuchung in Auseinandersetzung mit der deutschen idealistischen Philosophie. 2000.

Band 44 Marlene Lohner: Goethes Caravanen. Verkörperungen der Phantasie im Spätwerk. 2001.

Bond Johnson

The Mode of Parody

An Essay at Definition and Six Studies

Frankfurt/M., Berlin, Bern, Bruxelles, New York, Wien, 2000.
IV, 218 pp., 1 fig.
Analysen und Dokumente. Beiträge zur Neueren Literatur. Bd. 40
Edited by Leonhard M. Fiedler
ISBN 3-631-35729-X / US-ISBN 0-8204-4380-8 pb. DM 59.–*

The Mode of Parody is a ground-breaking study proposing a new term to describe a kind of literature that can be seen as early as the works of George Herbert (1593-1633). In the face of his doubt in God's presence, Herbert wrote his poem *A Parodie*, using serious parody to restore his faith in God's existence. Artists as diverse as Flaubert, Mann, Joyce and Nabokov have used parody to create fiction with religious and mythic dimensions in a time devoid of belief in a cohesive world order.
The opening chapter develops the author's concept of parody as a mode of serious creation through a dialogue between a dancer and a writer. He then explores in subsequent chapters the way the mode of parody functions in the works of Herbert, Mann, Flaubert, Joyce and Nabokov. The final chapter sees the dancer reappear, and ask the writer about the sort of art that may lie on the other side of the mode of parody. That answer can emerge only after a journey through works of utmost complexity in the mode of parody.
Contents: Parody as a mode of serious creation – Function of parody in the works of Flaubert, Joyce, Herbert, Mann and Nabokov – Regeneration of creativity through parody – An essay at definition in the form of a dialogue – Thomas Mann on parody – *Doktor Faustus* as a primer on the mode of parody – The rebirth of archetypal figures and myth through parody – Parody, Myth and the Tale

Frankfurt/M · Berlin · Bern · Bruxelles · New York · Oxford · Wien
Auslieferung: Verlag Peter Lang AG
Jupiterstr. 15, CH-3000 Bern 15
Telefax (004131) 9402131
*inklusive Mehrwertsteuer
Preisänderungen vorbehalten